融合型·新形态教材
复旦学前云平台 fudanxueqian.com

普通高等学校学前教育专业系列教材

幼儿英语游戏活动指导与实训

主　编　苏小菊　任晓琴

副主编　颜晓芳　覃　静　谢恬恬　钟博维

复旦大学出版社

内容提要

本书本着实用、够用、可用的原则，专门针对如何指导幼儿教师将游戏融入幼儿英语教育活动而编写，帮助发展幼儿英语教师的游戏活动组织和设计技能。本书呈现的不仅是一个个游戏的实训案例和组织方法，还构造了一种模式，引导教师在模仿案例组织实施中，逐步掌握游戏活动设计的思路和方法。

全书分为四个部分：理论篇、实训篇、游戏集锦、游戏组织用语。理论篇系统而概括地阐述幼儿英语游戏活动的设计、组织和评价的要点。实训篇分为基础训练和综合训练，基础训练旨在指导新手教师积累游戏操作经验，根据英语教育活动的需要，对游戏进行了功能性的分类，分为热身游戏、听力游戏、模仿学说游戏和交际游戏；综合实训包含十五个幼儿英语游戏活动组织案例，提供游戏范例和游戏活动的设计思路。本书中的游戏组织用语以及儿歌均配有音频，可登录复旦学前云平台免费下载：www.fudanxueqian.com。

复旦学前云平台
数字化教学支持说明

　　为提高教学服务水平，促进课程立体化建设，复旦大学出版社学前教育分社建设了"复旦学前云平台"，为师生提供丰富的课程配套资源，可通过"电脑端"和"手机端"查看、获取。

【电脑端】

　　电脑端资源包括 PPT 课件、电子教案、习题答案、课程大纲、音频、视频等内容。可登录"复旦学前云平台"www. fudanxueqian. com 浏览、下载。

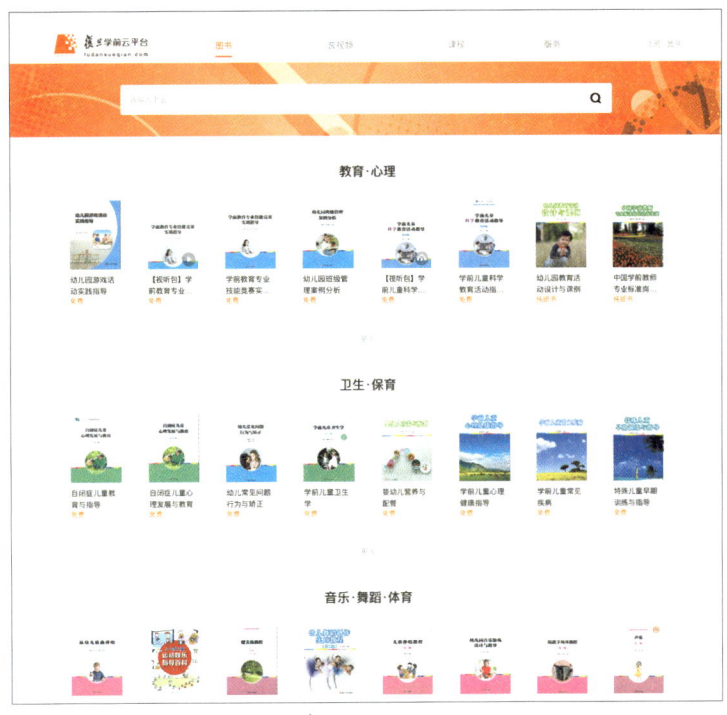

　　Step 1 登录网站"复旦学前云平台"www. fudanxueqian. com，点击右上角"登录/注册"，使用手机号注册。

　　Step 2 在"搜索"栏输入相关书名，找到该书，点击进入。

　　Step 3 点击【配套资源】中的"下载"（首次使用需输入教师信息），即可下载。音频、视频内容可通过搜索该书【视听包】在线浏览。

【手机端】

PPT 课件、音视频、阅读材料：用微信扫描书中二维码即可浏览。

 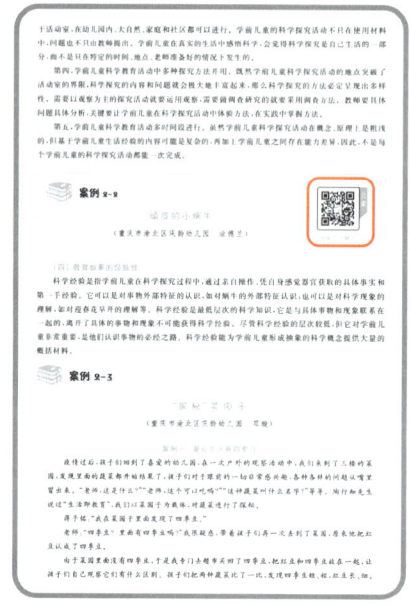

扫码浏览 →

【更多相关资源】

更多资源，如专家文章、活动设计案例、绘本阅读、环境创设、图书信息等，可关注"幼师宝"微信公众号，搜索、查阅。

平台技术支持热线：029-68518879。

"幼师宝"微信公众号

前　言

　　《幼儿园教师专业标准(试行)》指出,游戏活动的支持与引导是幼儿教师必备的专业能力之一。而《3—6岁儿童学习与发展指南》在实践建议中提到:"幼儿的学习是以直接经验为基础,在游戏和日常生活中进行的。要珍视游戏和生活的独特价值,创设丰富的教育环境。"幼儿在幼儿园的学习活动离不开游戏的支持,在幼儿英语教育活动中也一样。因此,作为幼儿英语教师,幼儿英语游戏活动组织与设计技能是开展幼儿园英语教育活动的必备技能。

　　本书本着实用、够用、可用的原则,专门针对如何指导幼儿教师将游戏融入幼儿英语教育活动而编写,帮助发展幼儿英语教师的游戏活动组织和设计技能。其所呈现的不仅是一个个游戏的实训案例和组织方法,还构造了一种模式,引导教师在模仿案例组织实施中,逐步掌握游戏活动设计的思路和方法。全书主要分为三个部分:理论篇、实训篇、游戏集锦。

　　实训篇分为基础训练、进阶训练和综合训练。基础训练旨在指导新手教师积累游戏操作经验,先学会用英语组织一定量的小游戏,理清这些小游戏的作用,然后再思考如何把小游戏综合应用到幼儿英语教育活动中。进阶训练中,编者根据英语教育活动的需要,对游戏进行了功能性的分类,分为热身游戏、听力游戏、模仿学说游戏、交际游戏。练习者可以根据每种游戏的提示,把书中游戏集锦中的小游戏进行分类,并尝试按照游戏示例提供的游戏组织用语范例,尝试自行编写游戏组织用语并进行组织实践。综合训练主要提供的是游戏范例和游戏活动的设计思路。网络、书籍中幼儿英语游戏的类别、数量很多,但不是每一个游戏都适用于教学。教师需根据幼儿不同年龄的身心发展特点以及英语发展水平对游戏进行选择和再次创作设计,才能用于实际的教学。编者在本书中设计了15个幼儿英语游戏活动组织案例,分为3个等级,每个等级有5个游戏示例。

　　示例游戏等级的划分是根据幼儿年龄特点和英语发展水平分层的。每个level的游戏是特定年龄段的幼儿可以完成的。但是,也可以根据幼儿的英语水平进行选择。Level 1的游戏适用于3—4岁、英语零起点的幼儿;Level 2的游戏适用于4—5岁、英语学习持续一个阶段的幼儿;Level 3的游戏适用于5—6岁、英语学习有一定积累的幼儿。每个等级中,5个游戏按照游戏形式的复杂程度从简到繁,按照英语学习内容的难度从易到难,按照幼儿语言学习的规律从听懂到重复学说再到交际意义的开口说的规律编排。

　　幼儿英语教育中,强调以培养幼儿对英语的兴趣为首要目标。然而,英语学习从来就不是一件轻松的事情。语言技能的获得需要重复记忆、重复练习、重复应用。没有大量的重复,很难有好的学习效果。如果在幼儿英语教育中,只是为了完成语言内容的学习,而让幼儿大量机械乏味地重复、记忆、背诵,幼儿可能会对英语学习产生厌学的心理。游戏是幼儿最喜欢的活动,以游戏为语言练习的载体,可以让幼儿的英语学习快乐轻松。为了淡化"学",强化"玩",编者在设计游戏的时候,还编入了故事情境。英语学习需要情境,孩子在故事情境中游戏,会更容易代入角色完成游戏任

务,而游戏任务完成过程就是英语学习过程,从而淡化"学习"。

　　每个游戏设计示例中,编者还设计了游戏情景、游戏任务和语言目标,以避免游戏设计容易出现顾此失彼的现象,即设计的游戏让孩子玩得很开心,英语的学习效果却没达到,而有时为了强化英语学习效果,游戏又欠缺趣味性。每个游戏还设计了活动参考,即游戏过程示例。读者还可以根据自己的实际情况替换过程中的环节内容,如游戏热身的儿歌和小游戏、分组的方式和计分的方式、游戏用语等。

　　教师技能的获得需要大量的观察和模拟实践。因此,编者建议在教授幼儿英语游戏活动设计这部分内容时,教师可以在课堂上先做示范,或者先布置任务给学生按照活动参考的步骤模拟开展,然后在课堂上抽取小组进行展示,让学生观察—体验—记录—分析—实践。在实践页面,学生可以根据活动参考结合自身的实际再设计。

目　　录

理论篇 »

幼儿英语游戏概述 **A**

幼儿英语游戏活动的理论依据 **B**

幼儿英语游戏活动的分类与选择 **C**

幼儿英语游戏活动的组织环节 **D**

幼儿英语游戏活动的组织技巧 **E**

幼儿英语游戏活动的评价 **F**

在这个部分,你将了解幼儿英语游戏与其他游戏的区别、游戏在幼儿英语教育活动中的重要性、幼儿英语游戏的设计和应用思路以及教师在集体幼儿英语游戏活动中的管理技巧等。

第一节 幼儿英语游戏概述

什么是"游戏"？由于游戏本身的复杂性，还有学术背景不同的研究者观察和聚焦的问题不同给予游戏的解释多样化，造成了游戏的概念至今都没有统一的解释。正是因为游戏本身复杂的性质，再加上一些文化背景和教育观念的影响，把教学活动游戏化的做法，也常常被误解为纯粹是打发时间的娱乐而已，其帮助幼儿学习的作用并不被认同。

在本书中，幼儿英语游戏活动中的"游戏"指的是教学游戏。教学游戏和幼儿自由游戏的区别在于：(1)教学游戏是由教师根据一定的教学任务和目标来设计的，这种教学目标以游戏任务的形式直接向幼儿提出来；(2)在教学游戏中，教师"教"的行为具有"预构性"，而且这种"预构性"的行为对于幼儿的学习活动具有计划和定向作用。[①] 幼儿英语游戏活动在以下几种情况下，确实无法发挥其应有的作用：事先没有对游戏进行严格的挑选或计划；游戏中练习的语言非常有限，或者没有同其他语言材料相结合；在游戏开始前，未曾告知儿童们游戏中将要用到的关键词；在游戏进行中，没有得到良好的控制和组织。[②]

因此幼儿英语游戏活动中的"游戏"应从语言教学的角度去理解。幼儿英语游戏要考虑游戏的娱乐性，同时也要为语言教学服务。幼儿英语游戏是从幼儿的心理特点和教学实际出发，尽可能将枯燥的语言现象转变为幼儿乐于接受、生动有趣的活动形式，为幼儿创造丰富的语言交际情景，使幼儿在玩中学，学中玩。[③]

幼儿英语游戏教学有别于其他英语教学方式的特点在于：

（1）趣味性。幼儿英语游戏的目的就是帮助孩子们以一种愉快的方式学习英语。儿童学习语言不是简单的"教什么就学什么"，而是有明显的兴趣倾向和选择，往往他们感兴趣的就容易积极主动地投入

---

① 刘焱.儿童游戏通论[M].北京：北京师范大学出版社,2004
② ［美]布鲁斯特(Brewster, J.),[美]埃利斯(Ellis, G.),[美]吉拉德(Girard, D.)著.小学英语教师教学指南[M].王晓阳等译.北京：高等教育出版社,2009
③ 胡晓艳.学前英语游戏设计[M].上海：复旦大学出版社,2013

学习,反之,则效果较差。因此,在设计游戏时要注重儿童兴趣点的分析,避免过多机械性的重复和跟读。在游戏中,激发儿童的好奇心和想象力,并使他们获得成就感,让他们在快乐中自然而然地学习英语。

（2）建构性。在语言交际环境中,当儿童有交往的需要时,他们才主动地搜索记忆中的词汇和句子,尝试着进行表述。而且,在有交际需要的情形下,当儿童因词汇贫乏或语法错误引起理解障碍时,儿童才会感觉到学习新词的紧迫性,才会有意识地利用这种交际环境与机会向别人学习,主动模仿新词新句。幼儿英语游戏旨在为儿童创设英语的交际环境,创造英语交流的需要。在游戏过程中,孩子虽精力集中于完成游戏本身,但由于需要英语语言完成任务,他们就不得不有意识地学习新的表达方式。

（3）综合性。儿童需要通过日常交往和各种教育活动获得大量语言范本。由于英语的外语特性,儿童无法在日常生活中得到这些范本。教师在组织英语游戏的过程中,使用的英语语言内容则可涉及儿童生活的各个方面,从儿童自己的身体特征到心理感受,从儿童家庭到幼儿园再到周围社区,从各种自然物或自然现象到人际交往和社会常识。因此,在设计幼儿英语游戏时需要注重游戏内容的综合性和丰富性。在学习语言的过程中,注意培养幼儿的合作能力、交往能力、思维能力,从而获得更具综合性和广泛性的语言范本。

（4）渐进性。儿童学习和掌握语音、词汇、句子,都需要一个过程,从有到无、从不理解到部分理解再到完全理解,积少成多,逐步形成,逐步完善。儿童对语言的掌握、词义的理解、语法的运用还很不成熟,常常出现理解错误、表达错误的情况,这是儿童语言发展过程的年龄特点。教师在游戏的过程中要照顾到儿童的年龄特征,多用短句,多作描述,语速较慢,语音清晰。当孩子说出不规范的英语时,不要着急纠正,只要教师自己用的英语是标准的,儿童通过不断的模仿,最终也会说出标准的语言。

 **第 二 节 幼儿英语游戏活动的理论依据**

要想把游戏玩好,使其在幼儿英语教育中起到积极的作用,首先要从理论上找到依据,用理论去指导幼儿英语游戏的设计和应用。

一、皮亚杰的认知发展理论

让·皮亚杰(Jean Piaget)是当代最有影响力的发展心理学家。他从对自己孩子的观察实验研究开始,继而对儿童从婴幼儿期到青少年各阶段心理过程的发展情况进行调查研究,提出了认知发展理论,成为这一学科的典范。他在实验研究中发现,游戏在儿童认知发展中有着重要地位和巨大的影响力,他的游戏理论是他的认知发展理论的重要组成部分。他认为儿童认知能力的发展依赖于同化和顺应之间的平衡。人从婴幼儿开始就有着简单反射的生活本能,随着年龄增长,他们逐渐修正自己的全部行为技能以适应各种环境的要求。① 孩子在成长过程中,改变自己已有经验,逐渐使自己的行为表现接近现实世界,最终能顺应现实世界。这个过程便是从同化到顺应的过程。在皮亚杰看来,游戏是儿童认知兴趣和情感之间的缓冲,也是同化到顺应的缓冲。在轻松快乐的虚拟游戏环境中,可以引发孩子自我意识和学习的热情,对现实成人社会行为进行模仿,从而逐渐顺应环境的变化。因此,游戏是儿童成长的过渡、认知发展的需要。

在对幼儿进行英语教育的时候,就必须遵循幼儿的认知发展特点和需求,采用合适的游戏运用于教学中,把抽象的语言具体化、形象化,让孩子们在游戏的情境中理解英语,在游戏的活动中应用英语,通过游戏活动让孩子逐步掌握一定的英语技能。

二、克拉申的二语习得理论

二语习得研究作为一门独立学科至今已经发展了四十多年。研究者们对此课题的研究所持的目的、角度不一,所得出的结论也不一样,争论激烈,甚至分阵营对峙。在此,我们主要围绕着游戏应用于幼儿英语教育的可行性和必要性,围绕着幼儿外语学习的特点,简述与之有密切关系的理论依据。

美国应用语言学家克拉申(Krashen)毕生致力于第二语言习得研究,在前人和自己研究的基础上,总结提出了著名的第二语言学习监控模式(the monitor model)。克拉申认为,第二语言监控模式由五个假说构成,其中,习得和学习假说(the Acquisition-Learning Hypothesis)、语言输入假说(the Input Hypothesis)、情感过滤假说(the Affective Filter Hypothesis)对游戏在幼儿英语教育中的应用提供了重要的理论依据。

(一)学习和习得假说

在语言教学理论中,学习是指儿童在正式环境下(如课堂)有意识地、系统地、正规地学习语言的过

---

① 朱纯.外语教学心理学[M].上海:上海外语教育出版社,2008

程。习得又叫获得，是儿童在自然的语言环境中，不经过正式的教授而自然地、下意识地获得语言的过程。[①] 第二语言可以通过学习和习得两种途径获得。第二语言学家克拉申认为，两种方式的区别主要在于学习是有意识的行为，而习得是潜意识的行为。两种方式在第二语言的学习中并不是独立的，反之，两者是密切联系的。语言学家埃利斯(Ellis)指出，第二语言获得指的是在自然的或有指导的情况下，通过有意识或无意识的吸收而掌握母语以外的一门语言的过程。然而，从幼儿的身心发展的特点来看，"习得"所具备的自然、轻松、无任务压力的学习特点符合幼儿的认知。因此，在幼儿英语教育中，"习得"应为主导，而游戏在幼儿英语教学活动中的得当应用就可以使孩子在"习得"的状态中学习英语。

（二）语言输入假说

语言输入是习得的第一条件。对于语言的输入，克拉申强调的是可理解性，也就是说，提供给习得者的语言材料的意义和形式必须是他们可以理解输入的，否则将毫无意义。他形象地用公式"i+1"来表示最佳语言输入，其中"i"指学习者现有的水平，"1"表示不定量，具有可理解性、感兴趣的或相关的、非语法程序安排、足够的量等特征。[②] 其中，可理解性是首要必要的条件；挑选习得者感兴趣或与之兴趣需要相关联的材料是习得者可持续轻松学习的基础；非语法程序安排是强调习得的自然性，强调创设自然的语言环境，让孩子可听懂、可模仿、可运用，在自然的状态下获得语言能力，不主张语法教授；而足够量的可理解性输入是习得者输出语言的保障。

（三）情感过滤假说

在这一假说中，克拉申强调的是，习得者可接收到的语言输入信息很大程度上受到情感因素的影响。他认为情感因素会对语言输入起到过滤作用。习得者对输入的信息越感兴趣，或学习态度越积极，那么可接收到的语言信息就越多，反之则越少。

综上所述，对于幼儿英语学习而言，语言材料就必须是根据幼儿已有的生活经验和兴趣去挑选，为幼儿创设宽松的语言学习环境，避免和消除幼儿的焦虑，用有趣的方式方法呈现，并在有趣的活动中连续、重复地输入，激发幼儿的学习动机和兴趣，从而能大量、有效地接收语言信息，让他们在自然的状态下习得英语。

---

① 高敬. 幼儿英语教育[M]. 上海：华东师范大学出版社，2007
② 黄衍玲. 幼儿英语教育活动设计与指导[M]. 济南：山东人民出版社，2012

 **第 三 节　幼儿英语游戏活动的分类与选择**

　　游戏的种类很多。关于幼儿英语游戏的分类,我们可以按照语言内容的形式进行划分,也可以按照游戏的形式以及课堂组织和管理来划分,等等。幼儿英语游戏兼顾着发展幼儿英语能力和其他方面发展的功能,在众多游戏中如何做出得当的选择? 以下列出的几个方面问题,可以帮助教师从多个角度去考虑,选择合适的游戏应用于幼儿英语教育活动中。

1. 这个游戏是否适合你的教学对象?

2. 你的教学目标是什么?

3. 这个游戏要用在哪个教学环节?

4. 这个游戏需要事先准备什么材料?

5. 这个游戏可以拓展吗?

一、这个游戏是否适合你的教学对象？

　　这个方面主要分析两点:教学对象的年龄特点和教学对象的英语水平。

（一）教学对象的年龄特点

　　关于教学对象的年龄特点,主要考虑两个问题:幼儿能理解游戏规则吗? 幼儿的认知和动作能力现状能否支持他完成这个游戏任务? 可参考下表:

表 1-1　幼儿年龄特点与游戏规则

年龄段	3—4 岁	5—6 岁
幼儿年龄特点	对游戏的动作、角色、情节都很感兴趣,但不太注意结果,模仿性强,抑制力差	对周围事物的认识和理解能力提高,有一定的抑制能力,重视游戏的规则,动作更协调灵活
选用游戏特点	以非竞争性游戏为主,规则简单,不带有限制性,易于幼儿遵守,以集体行动做同一动作、共同完成同一任务为主	可用竞争性的分组游戏,加大动作的难度,要克服一定的困难才能达到游戏的目的
游戏范例	Little Gunner	Ring Toss

（二）教学对象的英语水平

　　幼儿现有的英语知识和能力储备是否能在游戏中充分发挥,又得到适当的发展? 如果你组织的游

戏中,幼儿需要用练习的语言内容去说话交流,但幼儿还没有完全熟悉这些内容,还处于需要进一步理解和模仿的阶段,显然幼儿是很难完成任务的。反之,如果幼儿对语言内容已经能理解,操练起来已经熟练对答,这时还是要求幼儿只是不断地重复,那幼儿的语言交流能力就无法得到发展。

二、你的教学目标是什么?

语言活动就要有明确的语言训练目标。你选择这个游戏的目的是让幼儿加强哪方面的语言训练?是注重练习语言使用的准确度还是注重练习语言的流畅度? 是注重听力理解、发音、用语言内容进行交际,还是在游戏中非正式地呈现语法结构,让幼儿发现其中的惯例和规则,从而自然地掌握语法?

学前教育阶段需要促进幼儿的全面发展。因此,选择游戏除了考虑训练幼儿的英语语言技能外,是否可以锻炼幼儿其他领域的能力? 注意把英语与其他领域活动相结合。

三、这个游戏要用在哪个教学环节?

在幼儿英语活动中,游戏除了是幼儿练习英语的方式外,能否起到其他作用? 例如,它要起到安抚的作用,让幼儿安静下来,还是要调动幼儿的积极学习情绪,活跃气氛?

教学中常常有一些教师意料之外或计划之外的事情发生。如活动中,前一个游戏幼儿玩得太激烈了,情绪兴奋到失控的边缘,这时,教师就需要用一些安抚的游戏,如有节奏的手指歌谣游戏或歌曲表演游戏。反之,如果幼儿刚刚睡醒,或情绪低落,就需要让幼儿脑筋活跃起来,如游戏"What's Missing"等,或让肢体动起来,如游戏"Yes-No Seat"等。

四、这个游戏需要事先准备什么材料?

选择游戏时,应充分考虑现实条件,本着节约、环保、方便的原则,着重考虑现有的场地、材料能否支持这个游戏的实施? 这需要教师有一定的游戏环境创设能力,以利于游戏的顺利实施,如课件制作、教玩具制作、设计游戏情景等。

五、这个游戏可以拓展吗?

这个游戏除了可以训练某个语言内容,还可以训练其他的语言内容吗? 比如"Treasure Hunt","Ring Toss","Catching the Fish"这些游戏几乎可以用来练习所有的单词。

其次需要考虑的是,同一个语言内容可以用这个游戏来练习,还可以用其他游戏形式进行练习吗? 以下按活动形式的分类可以帮助你丰富游戏形式。

(一) 瞄准类游戏

表 1 - 2　瞄准类游戏举例

类别	游戏名称
抛、投瞄准游戏	套圈圈(Ring Toss)
推、滚、踢、吹瞄准游戏	打弹球(Rolling Balls)
	保龄球(Bowling Balls)
蒙眼瞄准游戏	盲人画画(Blind Man)

（二）赛跑类游戏

表 1-3　赛跑类游戏举例

类别	游戏名称
添加动作的赛跑	球拍运球跑(Dribble Run)
	袋鼠跳(Kangaroo Jump)
可以变化空间和时间的赛跑	抢椅子(Musical Chairs)
接力赛	跳格子(Hopscotch Race)

（三）追逐类游戏

表 1-4　追逐类游戏举例

类别	游戏名称
"It"追逐人群中的任何一人	老狼,老狼,几点了?（What Time Is It Now, Mr. Wolf?）
"It"选一人来追他	丢手帕(Drop the Handkerchief)
	鸭,鸭,鹅(Duck, Duck, Goose)
"It"抓某人,其他人阻止他	老鹰捉小鸡(Eagle and Chicken)

（四）躲藏类游戏

表 1-5　躲藏类游戏举例

类别	游戏名称
藏人的游戏	捉迷藏(Hide and Seek)
藏东西的游戏	小狗,小狗,你的骨头在哪里?（Doggy, Doggy, Where Is Your Bone?）
	纽扣在哪里?（Where Is the Button?）

（五）猜测类游戏

表 1-6　猜测类游戏举例

类别	游戏名称
以触觉为线索的猜测游戏	神秘的口袋(Magic Bag)
以听觉为线索的猜测游戏	请你猜猜我是谁?（Who's Speaking）
以言语为线索的猜测游戏	谁丢了(Who's Missing?)
	猜谜(Riddles)

教师只有在明确自己的教学目标前提下,才能对游戏做出适当的选择和创编。幼儿英语游戏可以作为独立的活动存在,也可以作为幼儿英语活动的主要活动形式。当用在教学活动时,教师最好列一个游戏节目单,针对一堂活动课不同阶段安排合适的游戏,也可以针对幼儿园一日活动安排独立的游戏时间。

第四节 幼儿英语游戏活动的组织环节

幼儿英语游戏活动组织过程包括游戏活动前、游戏活动中以及游戏活动后三个环节。

一、第一个环节：游戏活动前

幼儿英语游戏活动前主要从选择游戏内容、确定游戏任务及语言目标、设置游戏情景、编排游戏队形、准备游戏道具这几个方面来考虑，做好游戏活动的准备。

（一）选择游戏内容

幼儿园英语游戏内容的选择应是幼儿力所能及的，同时也具有一定的挑战。教师在选择游戏内容时，需要了解幼儿的年龄特点和已有的生活经验。3—6 岁年龄段的幼儿对什么感兴趣？他们认为什么是重要的？他们喜欢什么样的游戏活动？只有他们感兴趣、认为重要的、喜欢的游戏才能运用于实际，体现游戏的渐进与发展。

（二）确定游戏任务及语言目标

幼儿英语游戏既要考虑游戏性，也要考虑语言性。幼儿教师在游戏开展前明确游戏任务和语言目标，有助于在游戏过程中更好地完成游戏，同时兼顾语言教学目标的实现。因此，游戏任务应具体、准确地表述出该游戏幼儿要做什么，并突出可操作性。语言目标则应突出幼儿语言训练的重点，服务于语言学习，让幼儿在玩游戏的过程中潜移默化地学习英语。

（三）设置游戏情景

在开始游戏之前，教师需要使用一些与游戏活动有关的物品、动作、语言等方式来设计游戏的情景，目的在于引导幼儿感受活动的氛围，引发幼儿参与游戏的兴趣。

游戏前，教师可以把教室或活动室布置成英语场景气氛浓厚的地方。例如，综合训练 Level 1 第二关的任务场景是一片森林，那么教师可以在墙上或白板上贴一幅森林的图片，或者展示森林场景的 PPT，在四周贴上各种动物的图片，还可以查找一些相关的歌曲歌谣播放给幼儿听。

（四）准备游戏道具

游戏道具是进行游戏的物质条件，它能激发幼儿对游戏场景的想象力，让幼儿更容易进入游戏角色。在丰富多彩的英语游戏活动中，游戏道具体现较大的功能综合性，充分发挥道具一物多用、一物多玩的特点。

二、第二个环节：游戏活动中

这个环节是幼儿英语游戏活动的主体部分，它呈现的是游戏的过程，是完成游戏任务、实现游戏价值的关键。在这一环节中，教师要注意监控游戏过程，随时调整游戏的进度。对游戏中遇到困难的幼儿，教师应给予及时的提示或帮助，启发和鼓励他们积极参与游戏，培养他们的自信心和参与意识。幼儿英语游戏活动过程主要包括游戏热身、游戏情景导入、游戏规则演示、教师引导开始游戏、幼儿自主游戏五个步骤。

（一）游戏热身

热身是教学活动的开始。游戏热身环节对吸引幼儿的注意力、激发幼儿兴趣、调动幼儿潜能、协调师生情感起着重要作用，同时它还能起到温故知新、合理引出下一个环节活动、保证游戏活动顺利进行的作用。

（二）游戏情景导入

在这个环节中，教师需要发挥讲、演的能力，把幼儿迅速带入游戏情境，融入游戏角色中，为幼儿积极完成游戏任务做好准备。

（三）游戏规则演示

教师在讲解游戏的玩法时，一方面要注意自己说话的方式，用适宜于幼儿理解能力的英语（包括简单的动作），向幼儿说明游戏的玩法，语言力求简洁易懂。另一方面，用自己的热情、兴趣去感染幼儿，直接激发幼儿参与活动的兴趣。

在讲解相对复杂的游戏规则时，教师除了可以用简单化、生活化的语言给孩子讲解以外，还可以通过游戏过程的直接示范来演示游戏规则，体现儿童英语游戏的灵活性。

（四）教师引导开始游戏

在幼儿开始游戏时，教师帮助游戏分组，明确游戏规则，引导幼儿积极参与游戏。在幼儿游戏的过程中，教师通过引导即时对幼儿的行动做出反馈。教师应在游戏过程中认真观察幼儿的各种行为，积极回应幼儿在游戏中的各种表现，才可以维持游戏参与者的热情，使游戏顺利进行。

（五）幼儿自主游戏

教师引导幼儿顺利开始游戏后，教师的角色应尽量从主导者变成旁观者，逐步放手让幼儿自己独立进行游戏活动。在幼儿自主游戏过程中，教师要注意做好指导个别、分组和全体幼儿的工作，及时解决游戏中出现的问题或矛盾，给幼儿鼓励，让幼儿完全投入快乐的游戏活动中。

三、第三个环节：游戏活动后

游戏活动后的工作主要包括两个方面：（1）教师与幼儿一起对游戏结果进行评判，对获胜方进行表扬和适当的奖励，对输的一方进行鼓励；（2）教师对幼儿执行游戏规则的情况作小结，表扬积极的行为，引导幼儿相互交流游戏体验，树立榜样，发挥激励作用。

教师注意不能太注重游戏的结果，游戏评判时应该把重点放在游戏过程，而不是"赢"上。教师对活动质量的评价要以正面引导为主，而且尽量不为胜利者提供奖品或奖赏。若一味用言语或物质来强化竞争结果，会使幼儿对游戏本身的兴趣和对锻炼自己游戏的"本领"转移到奖赏上。教师要把幼儿的注意引导到"赢者"所用的有效策略和语言上，引导幼儿学习同伴的策略和语言，意识到他人的想法和观点；同时对落后的队伍要加强鼓励，希望他们下一次取得好的成绩。

第五节 幼儿英语游戏活动的组织技巧

一、提高幼儿游戏兴趣的技巧

培养幼儿英语学习的兴趣是幼儿英语教育的首要目标。把游戏应用于幼儿英语教学中,是为了培养幼儿学习英语的兴趣。如何培养?游戏的趣味性如何更好地把握?哈佛大学的柯比(William C. Kirby)教授在《学习力——哈佛大学对学习能力问题的最终解决方案》中就如何培养学习兴趣给了六个建议,下面结合这六个建议,谈谈提高幼儿英语游戏活动趣味性的方法。

1. 新鲜的刺激比重复的刺激更容易使人兴奋。

在学习活动中,初学者往往是从模仿开始学习的。因此在综合训练的游戏案例中,每个等级的初始任务都是从模仿发音、重复练习发音开始的。但是如果模仿性的学习持续太久,一是会影响幼儿语言能力的发展,二也容易导致幼儿的兴趣衰减。因此,每个等级的游戏任务从简单到复杂,或者从不同的方面提出新的任务要求,以使幼儿获得新鲜的刺激,从而使游戏的趣味性有增无减。

2. 生动形象的事物比平淡、抽象的有趣。

设计游戏活动方案时,给每个游戏任务都赋予游戏情景,使游戏生动化,幼儿更容易融入游戏的角色。

3. 节奏感强的事物比单调的有趣。

在幼儿英语游戏活动组织中,热身环节引用歌谣或歌曲,更容易把幼儿迅速吸引到活动中来。把语言练习材料进行加工,变成有节奏有韵律的歌谣或对话,幼儿更容易熟悉语言内容。

4. 真实的事物比虚假、遥远的有趣。

游戏的任务来源于幼儿当前的真实生活,源于幼儿的某些期待,更能引起幼儿的兴趣。游戏中把听音频中的发音,变成听幼儿自己的声音;在创设的游戏情景中扮演角色,用所学的英语进行游戏交流,让幼儿进入"逼真"的环境中,他们就不会感到枯燥。

5. 学习内容难度与原有知识水平相适应。

游戏任务的设计如果远高于幼儿实际能力,幼儿在游戏中遭到的挫败过多,容易丧失对该游戏的兴趣。反之,如果游戏任务设计相对幼儿实际操作能力太过简单,幼儿在游戏中没有挑战性,慢慢会觉得乏味。

6. 学习内容与实际需要相适应。

学习的内容如果和幼儿的实际生活紧密联系,幼儿便能很快将学习内容放在实际生活中,容易从中获得学习成就感,从而对学习更感兴趣。

二、游戏队形编排技巧

游戏中幼儿的队形编排对游戏的规则执行起着重要作用。教师可以根据不同的游戏形式采用不同的队形进行游戏。常见的队形有以下四种。

表1-7　常见游戏队形

U形	这是一种能用于各种游戏的队形。在这样的队形中,孩子能很容易地看到教师和伙伴的演示,游戏时相互之间能面对面。在有桌子的情况下,分发材料也很容易,因为教师可以进入U形走到任何一个点。
半圆形	简单地将幼儿安排成半圆形,教师可以直接与幼儿进行面对面互动。
线形	让幼儿排成简单的纵队或横队,有利于竞争类型游戏的开展。
圆形	幼儿面对面排成圆形,教师站在幼儿中间。这种位置适合Passing down类游戏的开展。

三、游戏道具制作技巧

英语游戏道具种类较多,主要有:插入式教具、磁性教具、桌面活动教具、纸轴教具、木偶、手偶、纸质头饰、挂图、卡片、录音机、多媒体课件、电脑,还有教师们利用废旧物品制作的教具等(如易拉罐、一次性餐具、旧图书等)。

自制道具除了要符合教学内容外,还要考虑方便、经济、美观等要求。注意因地制宜、就地取材、材料易得、废旧利用、低成本高质量。不要把简单的东西复杂化,有自然物就不要去刻意制造人造物来代替。

注意自制道具的可操作性和探索性,也就是增强自制道具的"可玩性"。避免道具只重视其装饰性和欣赏性,而忽视了可操作性倾向,成为只能看的摆设。

坚持"做""用"结合,要切实服务英语游戏活动的需要,为开展英语游戏活动创造条件,利用道具引导幼儿观察、发现、探索,在动手动脑中学习。

四、游戏热身技巧

游戏热身常用的方法有以下六种。

1. 问候法。

教师借助手偶教具或头饰教具等直接与幼儿打招呼,如:"Hi, everybody!""What day is today?"将幼儿的注意力迅速引入到课堂上来。要注意这种打招呼的方式要不断变换,才能达到热身的目的。否则,幼儿就会失去新鲜感。

2. 悬念法。

例如:"A little guest is coming here. Guess, who is it?"

3. 拟形声法。

例如,教师装扮成唐老鸭走上讲台,说:"Quack, quack, quack, who is coming?"

4. 歌曲导入法。

教师可以清唱,也可以放录音,带领幼儿唱英语歌,如:"Good morning! Nice to meet you."等等,激发幼儿的英语学习兴趣。也可以安排与游戏语言内容有关的歌曲,如"The days of a week","Color song"等。

5. 游戏导入法。

如"I say you do","Guessing Game","Two little black birds","Who stole the cookies from the cookie jar?"等儿歌歌谣游戏或手指游戏。教师可通过这些小游戏,巧妙地激活游戏相关语言内容。

6. 多媒体导入法。

在课堂教育活动中,有些情境是很难用实物、图片等直观教具表现的,用故事和歌谣也缺乏真实感,有的甚至难以用语言表达,此时多媒课件的运用就恰到好处了。如在表现雨雪、大风、雾和一年四季的导入时,可以先找到下雪、下雨、晴天、刮大风等画面,配上音效,做成教学课件,使幼儿在整体上感知游戏的场景。

五、游戏分组技巧

游戏分组时,最好采取随机分组的方式帮助幼儿分组,不要让幼儿因性别、能力、性格等因素体验来自同伴的"忽视"或"拒绝"的压力。这种不愉快的体验会降低幼儿的自信心和对集体的归属感。

利用数来宝歌谣进行分组,是常用的随机分组的方法之一,也很受幼儿欢迎。欧美经典的数来宝分组歌谣有:

Icky, Bicky, Soda, Cracker

Icky, bicky, soda, cracker,

Icky, bicky, boo.

Icky, bicky, soda, cracker,

Out goes you.

本歌谣可以将全部的小朋友分成 Boo 组和 You 组。

Hat

One hat, two hats, three hats, four.

Five hats, six hats, seven hats more.

教师可以用手触碰小朋友的头,被触碰的小朋友双手举过头顶做戴帽子动作,被教师数到 four 和数到 more 的小朋友分别成一组,或者是引导小朋友出列进行游戏。

Bubble Gum

Bubble gum, bubble gum,

In a dish.

How many pieces do you wish?

这个歌谣可以让孩子自己决定几个人一组。

游戏时,是否进行分组应考虑到幼儿的年龄特点。小班幼儿的模仿力强,但自制能力差,为小班设计的游戏一般不分组;大班幼儿有一定的自制能力,动作更加灵活协调,大班游戏常可分组进行。常用的简易分组方法有:

(1)根据生日分组:让孩子们按生日先后排列,根据活动需要把孩子分成若干组。人数多的班级可以按照生日月份来进行分组。

(2)根据服饰分组:穿球鞋的可以分成一组、牛仔裤的一组;或者穿蓝色衣服的一组、黄色衣服的一组;等等。

(3)根据姓名标签分组:根据不同颜色或形状的姓名标签进行分组。

(4)拼版分组:可以买一些儿童拼图或自行剪制一些杂志上的图片;根据本班人数合理分成几组,选用或剪出不用大小、形状和所含拼件数量不同的图。把拼件打散、混合,给每个幼儿分发一个拼件。在开始分组时,让每一个孩子拿着自己的拼件去找准位置,拼成一幅完整的图。能完整拼出一幅图的幼儿为一组。

(5)分组卡:确定班级的总人数和要分成的组数。例如,在一个 20 人的班级,某一游戏要四组 5 个人的团队;另一个活动要五组 4 个人的团队;还有一个活动需要六组 3 个人的团队,另需 2 位观察者。利用颜色旗(例如,用红、绿、蓝、黄来分 4 组)、动物棒(例如,用狮子、老虎、猴子、狗熊、大象来分 5 组),或用数字(第 1 至第 6 组)。随机分配数字、彩旗或动物棒来给孩子分组。小朋友可以快速地移动到各自的组中。为使这个过程更高效,教师还可以在各自区标上指示性记号。

(6)抽数字:确定分组的数量和大小,在纸张上写下数字,混在一个箱子里,小朋友从中抽取一张纸条,从而分组。例如,如果教师想分成四组,每组 4 人,就需要 16 张纸条,写上四组数字。

(7)选择喜欢的项目:根据同一主题选择不同的玩具,并用来给孩子分组。例如,教师可以选择交通工具,用汽车、火车、飞机、轮船来分组。

六、游戏规则示范技巧

幼儿英语活动组织中,为了更好地创设英语环境,教师组织活动时应尽量使用英语,少用母语。在组织幼儿英语游戏活动时,如何把规则讲解清楚,这不是件容易的事情。下面的技巧可提供参考。

1. 用简短的英语祈使句配合非语言示范。

非语言示范的方法指的是用自己的表情、眼神、手势、动作、身体运动的方向等非语言的手段,帮助幼儿在游戏中的学习。如:"Begin here."教师在说的时候可以指着或者站在开始的地方。此外还可以借助手偶、玩具、卡片、挂图等。

2. 邀请个别孩子一起做示范。

游戏讲解规则时请一两位小朋友配合教师在全班进行游戏示范,这样能让其他幼儿更加直观地了解游戏规则。

3. 请助教老师配合示范。

助教老师在示范游戏的过程中起到非常重要的作用。她可以成为主教老师玩游戏时的搭档,两人共同完成游戏动作的示范,让孩子能更直接更形象地了解游戏的玩法。而在主教老师讲解游戏规则的时候,助教老师扮演小朋友的角色,在主教老师的指导下完成游戏动作。

4. 在其他领域活动中熟悉游戏。

在幼儿园英语游戏中,有很多游戏是幼儿平时玩过的,例如"老狼,老狼,几点了?""单脚跳接力赛"等游戏。因此,幼儿是熟悉这些游戏的游戏规则的,教师只需要将中文游戏中的游戏规则迁移到英语游戏当中。当然,教师在开展这类游戏的时候还是要清晰到位地再示范游戏规则,以保证幼儿都能记住。同理,英语游戏也可以用一些五大领域游戏活动进行改编。

5. 中文辅助讲解。

教师如果在游戏示范后发现仍然有部分幼儿不理解游戏的玩法,可以借助中文进行简单的解释,或者可以请一位已经了解游戏规则的幼儿用中文向其他幼儿讲解一下。

七、游戏中的提问技巧

游戏活动,特别是英语游戏中的提问是非常重要的,因为提问给教师提供了很好的语言输出的机会,让幼儿有机会听到真实的和需要思考的语言。教师在提问时应注意以下五点。

1. 让幼儿理解问题。

教师在提问时可配以适当的体态表情以及稍微夸张的语气,让幼儿猜出问题的意思。如果问题比较复杂,也可用母语加以解释,但是在以后提相同问题时尽量不要再用母语解释。

2. 先面向全体,后个体。

教师先面向全体幼儿提出问题,让所有幼儿都有思考的时间,然后再指定某个幼儿回答。避免先点名,后问问题,这样会使大部分幼儿失去思考的机会。

3. 引导幼儿提问。

在游戏过程中,常常会发生有些幼儿弄不清楚的情况,应该鼓励幼儿在适当的时候提问,并做出明确的回应,扫除游戏中的障碍。

4. 根据不同的游戏阶段设计不同的问题。

游戏前的提问。这时的提问用来检验幼儿对游戏规则是否充分地了解。如:"When will you start the game?""What is the first step?""What should you do when you get the card?"

游戏组织过程中的提问。这类提问通常用来集中幼儿的注意力。如:"Are you ready to have fun?""Who can try?""Who wants to be the first?""Are you sure?"

游戏结束时的提问。这类提问可以起到总结和反思的作用。如:"Which group is the winner?"

"How did you do?""Is it the right way to do it?"

5. 采用多种提问方式。

提问的方式是多种多样的,如启发式提问、质疑性提问、对比性提问、发散性提问、悬念启发、动作启发、类比启发等。合理采用灵活多样的提问方式,有利于营造活动氛围。而教师常用的"Yes or No?"的问题,幼儿通常习惯性地回答"Yes",此类回答基本不能反映幼儿的真实态度,因此要尽量少问这样的问题。

八、游戏中的回应技巧

回应是指在幼儿游戏的过程中,教师即时对幼儿的行动做出的反馈。教师应在游戏过程中认真观察幼儿的各种行为,积极回应幼儿在游戏中的各种表现,才可以维持参加游戏者的热情,使游戏顺利进行。

在回应的过程中应注意以下几点。

1. 表扬努力者。

用赞赏的语言、惊喜的表情、亲密的爱抚以及加分游戏等形式对积极参与活动和努力克服困难的幼儿进行及时的表扬和鼓励。如对积极回答问题的幼儿进行及时反馈时,可以先把幼儿的答案面向答问的幼儿进行重复,再面向全体幼儿进行重复。教师这样的举动可以先让幼儿自行判断回答正确与否,是否还有改变,再面向全体幼儿重复答案,让全体幼儿一起判断对错。这是孩子自我修正的过程。

2. 激励懈怠者。

及时发现懈怠者不愿意参与活动的原因:如果是因为游戏活动过于简单或过于困难而导致的,则需要设计一些难度适宜的游戏活动,以激发幼儿参与游戏的热情;如果是因为游戏过程中没有受到教师的关注而引发的懈怠,教师则需要对这些幼儿增加关注度,给他们更多的机会获得成功。

3. 警告违规者。

游戏中一旦发现有违规者必须立刻指出,否则游戏将不能顺利进行。如果违规者是因为不清楚游戏规则而犯规,则应强调游戏规则;如违规者是明知故犯,则应严肃批评,或罚没原来活动的积分,特别严重的可以撤销其玩游戏的资格。

4. 回答提问者。

游戏过程中如有幼儿对游戏规则或相关问题提问,教师要认真回答,只有每个游戏的参与者都理解了规则,游戏才能顺利开展。

九、衔接与过渡技巧

教师在游戏活动中的衔接与过渡可以从语言内容与活动形式两方面入手。

(一) 在语言内容上

在语言内容上,游戏活动的衔接与过渡部分一般有以下三种方式。

(1) 由幼儿已学的相关主题的内容知识过渡到新学的主题内容知识。例如,在游戏中,幼儿通过已学主题内容"go over the mountain"过渡到新的主题内容"go to the beach"。

(2) 由幼儿已学的句型过渡到新学的句型中。例如,在游戏中幼儿通过熟悉的短语"go over the mountain"过渡到新学的短语"climb up the tree","swim across the river"。

(3) 由幼儿已学的词汇过渡到新学的词汇中,使其能较为熟悉,并可以达到自然过渡到新学知识的效果。例如,幼儿通过已学儿歌"The bear went over the mountain"过渡到学习新的动作词汇 swim、jump、climb 及方位词汇 up、in、across。在达到热身效果的同时,也可自然而然地将其运用在巩固新学词汇的环节中。

（二）在形式上

在形式上,衔接与过渡的方式常用的主要有以下三种。

1. 儿歌。

儿歌有时能对语言内容有归纳总结的作用。采用的儿歌可以承上启下,幼儿在欢快的歌曲旋律中,自然而然地进入活动中,可以调动幼儿下一步学习的热情。

2. 故事。

故事能创设语境。采用图片的讲述及角色扮演的形式让幼儿身临其境地感知故事的情景,慢慢进入游戏活动中,可以为幼儿下一步的语言练习提供语境,也为幼儿进行游戏提供情景。带着角色进入游戏练习语言材料,幼儿更加容易习得语言。

3. 游戏。

在游戏组织环节之间采用一些小游戏进行过渡或预热,能更好地集中幼儿的注意力,以保证下一环节活动的顺利开展。

十、延伸与拓展技巧

教师在设计游戏活动中的延伸与拓展部分时,可以从以下两方面入手。

（一）拓展和延伸学习内容

继续深入学习和理解游戏活动中新学的知识内容。例如,大班的游戏活动"Go Shopping",幼儿要用英语来询问物品的价格,那么该活动可以延伸应用到幼儿的日常生活中,对其他日常用品的价格进行询问。这样既加深理解掌握了新学知识,也可以有效地将其应用到日常生活中。

将已学知识与新学知识进行结合,达到复习拓展的效果。例如,活动的复习语言材料的环节中,教师通过"Welcome to My Shop"的主题游戏,将已学知识与新学的知识内容结合在一起,达到巩固加深知识学习的效果。

将新学知识融入日常生活中,使幼儿能更好地理解掌握,进行基本的英语口语交流,真正达到学做结合、渗透式英语教学的效果。

（二）拓展和延伸游戏方式

1. 园内活动。

教师可把活动与下一个生活环节的活动相连接,让幼儿对上一个活动有更深的体验。如在练习行为习惯的英语表达时,可以和午睡、盥洗等环节相结合,让幼儿能有更多的语言练习的机会。

2. 亲子任务。

亲子任务一般放在离园后,由家长与幼儿共同完成。亲子任务可以是学唱儿歌、收集图片、制作海报等。

十一、鼓励与奖励技巧

游戏活动结束时,教师应及时对获胜者进行奖励,对其他的参与者进行积极的鼓励。指出优点,发现不足,明确努力的方向。

（一）对获胜者

1. 表情与体态。

教师面对获胜者应表现出发自内心的喜悦和惊喜的表情,同时与幼儿做一些互动的动作,如竖起大拇指、击掌、拥抱或与幼儿一起跳跃。

2. 语言。

用兴奋的语气说些表扬和鼓励的话。如:"Lucy,you did a very good job. I'm very proud of you. ""Well done babies.""Give yourselves a little praise.""Wonderful,wonderful!""Hey,hey. Super!"

3. 累计积分。

通过增加积分给予鼓励。计分的时候,可以采用实物记分法、图片记分法、绘画记分法等。

(二) 对失败者

1. 表情与体态。

教师面对失败者应表现出和幼儿同样失落的表情,同时与幼儿做一些安抚的动作,如拥抱等。

2. 语言。

教师用鼓励的语气说些振作的话。如:"No problem.""Try again.""Think it over and try again. ""I trust you. "

3. 鼓励的"小诡计"。

在下一轮游戏中,教师有意无意地给较弱的一方一些帮助,尽量使其不要和其他组拉开较大距离,以免打击他们参与游戏的热情。

(三) 其他注意事项

教师尽量不为胜利者提供奖品或奖赏。若一味用物质来强化竞争结果,会使幼儿的注意力从对游戏本身的兴趣和在游戏中锻炼的"本领"转移到奖赏上。尽量把幼儿的注意引导到"赢者"所用的有效策略和语言上,引导幼儿学习同伴的策略和语言,意识到要关注和学习他人的想法和观点。同时,教师对落后的队伍要加强鼓励,希望他们下一次取得好的成绩。

十二、游戏的计分技巧

(一) 递增法

教师在地面上或黑板上画图形,每得一分画一笔或一部分图形,最先完成整幅图画或图形最多的小组获胜。

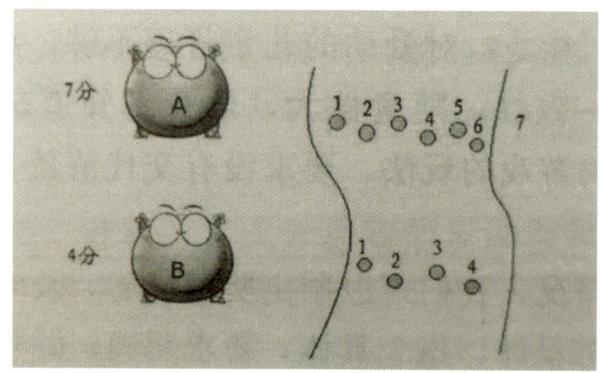

Stepping Stones(过河)

每得一分,教师在河里面画一个小圆圈表示石头,画到第六个圆后,最先能上岸的小组获胜(图中 A 组 7 分获胜,B 组仅得 4 分)。

Climbing Castle(攀登城堡)

每得一分,教师画一横表示楼梯的台阶,最后两笔画城堡上的旗杆和旗(图中 A 组仅得 10 分,B 组以 15 分取胜)。

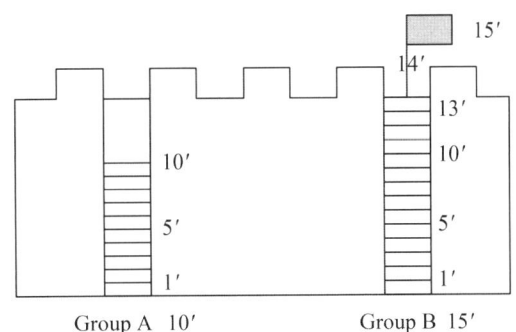

Group A 10′　　　　　　Group B 15′

Winner's Face(娃娃脸)

每得一分,教师画一笔人物的五官:第 1 分画左眉,第 2 分画右眉,第 3 分画左眼,第 4 分画右眼……最先画完娃娃脸的小组获胜(图中爸爸组以 10 分完成娃娃脸获胜,妈妈组 9 分,哥哥组 8 分,妹妹组 7 分)。

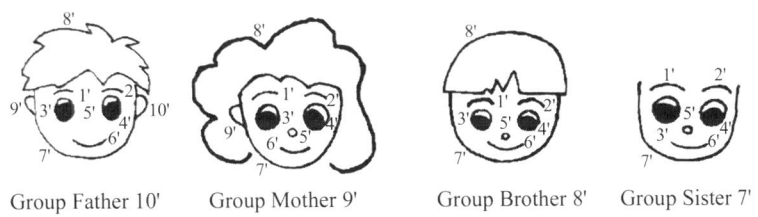

Group Father 10'　　Group Mother 9'　　Group Brother 8'　　Group Sister 7'

(二) 递减法

游戏计分一般采用绘画计分方法,适用于分组进行的竞赛类游戏。下面就绘画递减法进行介绍。

Baby's Face(娃娃脸)

黑板上的粉笔简笔画代表一个小组,小组每输掉一场比赛就擦掉一部分图形,最后图形保留最完整的小组取胜。

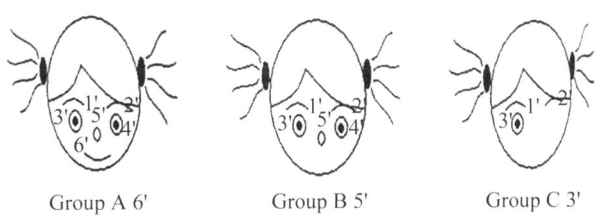

Group A 6'　　　　Group B 5'　　　　Group C 3'

第六节 幼儿英语游戏活动的评价

幼儿英语游戏活动评价是幼儿英语游戏活动的不可缺少的重要组成部分。它是指收集幼儿英语游戏活动各方面的信息,并依据客观标准对幼儿英语能力发展状况和幼儿英语游戏的过程、方法和效果等作出的客观衡量和科学判定的过程。

一、幼儿英语游戏活动评价的内容

幼儿英语游戏活动评价主要包括三方面的内容:对幼儿游戏状态的评价、对幼儿英语游戏活动本身的评价、对教师素质的评价。

(一)对幼儿游戏状态的评价

幼儿参与英语游戏活动的状态可从幼儿参与英语游戏活动程度进行评价。如从下表的几个指标进行评价。

表 1-8　幼儿参与英语游戏活动程度评价表

评价项目	评价标准
幼儿参与游戏活动程度	积极主动地参与教师组织的英语游戏活动
	游戏中情绪饱满
	投入、参与游戏的时间充分
	能理解游戏规则,根据游戏规则参与游戏活动
	游戏中对同伴友爱、谦让,能与同伴合作并且不妨碍他人游戏的进行
	能大胆自信地在游戏中进行英语模仿和表达

(二)对幼儿英语游戏活动本身的评价

1. 从语言教育目标达成情况进行评价。

幼儿英语游戏活动是通过玩游戏达成语言学习的目标。这些语言学习方面的目标包括:

(1)加强对常用语言结构的记忆,这些语言结构可以在多种情景下使用;

(2)游戏中会用到大量的语言,这提供了实用的发音练习(只要游戏能提供一个好的语言练习模式);

(3)游戏中所需的语言也许只作为活动的一个部分,这样的活动只关注做了某件事情,而非为了练习语言;

(4)在练习语言的同时,还应混合着更为广泛的引导幼儿了解其他领域某些概念的目标;

(5)鼓励幼儿创造性地使用游戏中用到的语言,而不仅仅对它进行简单重复;

(6)在玩游戏的过程中,经常要求游戏参与者解决问题或困惑,所以幼儿可能需要非正式的分析语

言,从中可以注意语言使用的惯例或规则;

（7）游戏可以巩固学生对所学知识的记忆,并通过尽可能多的方式使所学知识变得简单易懂。

2. 对游戏活动内容的评价。

主要是看活动内容是否生动、富有童趣,符合科学性和思想性;内容分量是否适当;内容组织是否清晰、主次分明、突出重点;内容布局是否合理,各要点之间的衔接是否自然流畅,与儿童的发展情况是否适合。（陈雅芳 2017:118）

3. 对游戏活动组织形式的评价。

主要是看在活动开展过程中,是否灵活地采用了集体活动、分组活动和个别活动相结合的形式;活动过程中是否因材施教,关注每位儿童的主动学习;分组中是否考虑到儿童的水平差异、情感因素和人际关系等。

4. 对游戏辅助材料利用的评价。

主要分析是否选择了合适的活动内容和儿童实际水平的操作材料;使用的道具是否有利于英语游戏活动的开展,是否适合儿童操作,是否具备多功能,可以进行组合和变化,在教学过程中能否被最大限度利用。

5. 对教师与幼儿互动的评价。

主要分析在活动过程中教师是否充分发挥了主导作用,是否调动了幼儿的主体积极性,教师与幼儿之间的交往是否融洽,是否积极主动,幼儿的注意力、兴趣、情绪、意志、性格等非智力因素是否得到充分激发。

（三）对于教师在游戏过程中现场指导的评价

1. 引导游戏的进程。

教师要注意引导幼儿开始游戏活动,提出明确的行为要求,依照幼儿的不同需要给予适当的帮助,游戏结束时引导幼儿简评游戏等。

2. 教师自身与幼儿的相互作用。

教师在与幼儿交往时,应注意多用中性的、积极肯定的态度,尽量减少否定性交往接触,注意在游戏参与中影响感染幼儿,如教师可多运用鼓励,赞许、肯定、表扬幼儿的良好行为,或者用眼神和表情等身体语言做出赞许的表示。

3. 教师指导的对象和范围应注意重点与一般结合。

教师在照顾全体的同时,特别注重对幼儿个体的指导,针对幼儿的不同特点,给予具体帮助。也应注意逐渐增加对幼儿活动小组的指导,从而激发小组内幼儿之间积极的相互作用和影响,避免单一性的集体指导和整齐划一的要求。

4. 探索和运用多样化的指导游戏的方法。

教师应注意在教育实践中探索多样化的指导方法,如及时呈现适宜材料,建议、提问、启发,提供范例共同参与行为示范教授或指导,利用幼儿之间相互影响,互教互学等。

5. 激励式指导方式或类型。

教师应在尊重幼儿的基础上,运用启发激励式指导方式,创造一种民主、平等的心理环境和气氛,激励幼儿的积极活动,鼓励幼儿的探索创造。如设置问题情境提供机会,并鼓励幼儿自己克服困难、解决问题,从而培养和增强幼儿的自主精神和解决问题的能力。另外教师在具体指导游戏的过程中,还应注意发挥常规的作用,使幼儿通过执行游戏常规逐渐形成行为自律和自我管理的能力,教师还应注意全面指导幼儿行为,从而促进幼儿在游戏中身心和谐发展。（丁海东 2014:179—180）

二、幼儿英语游戏活动评价的类型

幼儿英语游戏活动评价从时间维度上可分为形成性评价和终结性评价。

（一）形成性评价

形成性评价在游戏实施的过程中进行，是一种过程性评价。形成性评价可以用来检测和监控游戏活动计划，并为游戏活动的开展提供具体而详细的反馈信息（feedback）。在形成性评价中，包括以下四个方面的反馈信息：幼儿现有的学习情况、幼儿要达到的学习目标、比较幼儿现有的水平和预期目标之间的差距、达到既定目标所需要的途径。

形成性评价贯穿整个游戏活动中，让教师随时了解问题，采取有效的调整和改进措施。形成性评价的主体既可以是教师也可以是幼儿。

讨论分析：以下幼儿英语游戏活动的评价范畴，哪些属于形成性评价？

A. 教师出示卡片进行游戏活动准备，鼓励幼儿说出 red light，green light，yellow light 等词汇，并做出 stop，walk，wait 等动作；对说出并做对 TPR 动作的孩子给予鼓励，对做错的孩子给予帮助。

B. 教师用儿歌配动作带领幼儿认识 Doggie 的五官，要求幼儿通过"touch my body"认识自己的五官，点错五官的孩子看到别的孩子的正确动作后自行改正。

C. 教师通过课堂观察，对幼儿参加游戏活动的态度进行记录，并在一定的阶段后进行总结评定。

讨论分析：A 和 B 属于形成性评价。A 反馈信息包含了"教师出示卡片进行游戏活动准备，鼓励幼儿说出词汇，对做错动作的孩子予以帮助"。B 反馈信息包括了幼儿现有的学习情况是无法根据词汇做出动作、幼儿要达到的学习目标是根据词汇提示做出相应的 TPR 动作、幼儿现有的水平和预期目标之间的差距就是能说出单词但是不能做出动作、达到既定目标所需的途径是通过练习和教师帮助这四个方面。

（二）终结性评价

终结性评价是指某一教育活动实施后进行的评价。在大中小学，期中、期末考试以及阶段性测验都属于终结性评价。幼儿英语游戏活动的终结性评价主要包括针对游戏目标达成情况的活动，对幼儿进行分项目的等级评定、以描述性的方式进行全面的总结评价，还包括搜集活动的相关资料、对游戏活动的成效做出整体的判断等。

以上讨论分析中的 C 就属于终结性评价。

幼儿英语游戏活动评价既关注幼儿游戏中运用语言的过程，又注重在游戏中学习语言的结果，采用形成性评价与终结性评价相结合的方式。有效的评价要体现评价主体的多元化和评价形式的多样化，能及时调整和改进教学活动。

三、幼儿英语游戏活动评价的方法

（一）观察法

观察法是指教师在幼儿参与英语游戏活动时，对幼儿的行为表现进行观察，对发生的现象或行为进行记录和分析，以收集评价记录的一种方法。观察法要有目的、有计划地进行。通过观察法，教师可以了解游戏活动目标达成情况，观察游戏内容和方法是否需要调整。

（二）档案袋

档案袋式评价是一种综合评价方法，是教师在单个幼儿长期游戏过程中建立的幼儿英语发展档案，并对档案整理分析后进行评价。

档案袋的内容包括观察记录、测试材料、游戏案例、幼儿作品、游戏照片和游戏录像等。材料要包括幼儿参加英语游戏活动的优势和不足之处，系统反映幼儿参加英语游戏活动的进步轨迹。

（三）问卷调查

问卷调查的对象面向家长、教师和幼儿。除了传统的纸质问卷，还可以采用"问卷星"等软件在手机客户端进行，能多方面收集有关英语游戏活动的成效信息。

（四）测试评价

在幼儿英语游戏活动中，测试评价主要用于评价幼儿对英语语言材料的掌握情况，通过谈话，或设计一个游戏任务活动让幼儿个人或集体完成，从中获得幼儿有关英语语音、词汇、句型及对话、交际情况等方面的信息。

实训篇 »

综合训练

将游戏综合运用于幼儿英语活动中

进阶训练

根据语言训练需要，选择英语小游戏，并组织实施

基础训练

会组织一定量的小游戏

在这个部分中，你将学习如何用英语组织开展幼儿英语小游戏，并逐步学会根据幼儿英语学习的需要，将各种英语小游戏综合运用于幼儿英语活动中。

第一节 基础训练

在这个训练阶段，你将学习如何用简单的英语配合肢体语言示范讲解规则，组织开展小游戏。

 玩一玩

下面的小游戏中有具体的玩法指导，并有相应的游戏组织用语参考，尝试一个个模拟组织实施吧。讲解规则可以配合优美得体的肢体语言。

Game 1　Wolf Card

音频

游戏任务：看到狼的卡片出现，就要迅速跑回座位坐好。

语言目标：复习已学的单词。

游戏准备：狼的卡片1张，已学的单词卡片若干。

游戏玩法：

1. 教师把卡片叠在一起，狼的卡片放在其他单词卡片中间。
2. 教师让幼儿站起来，用单词卡片依次向幼儿提问"What can you see?"，提问一个，换一张卡片。
3. 幼儿回答教师提问，回答一个问题向前走一步。
4. 当幼儿看到教师出示狼卡的时候就要迅速回自己的座位坐好，以免被"狼"抓住。

游戏组织用语：

T：Let's play a game — Wolf Card.

T：Answer my question and follow me. When you see the wolf card, you must go back to your seat quickly, or the wolf will eat you!

T：What can you see?

S：Apple.

T：OK. One step forward.（教师示意学生上前一步）

Game 2　Sticking Game

音频

游戏任务：按指令把五官贴在正确的位置。

语言目标：听懂单词"eyes，ears，nose，mouth"，挑选正确的图片粘贴在相应的位置上。

游戏准备：娃娃脸部轮廓图片5张（五官空白），可粘贴的眼睛、鼻子、嘴巴、耳朵图片5套。

游戏玩法：

1. 教师事先把娃娃的五官卡片藏起来。
2. 教师引导幼儿去把事先藏好的五官卡片找出来，集中放到篮筐里。
3. 幼儿听教师的指令拿相应的图片贴在娃娃空白脸框的正确位置。

游戏组织用语：

T：Let's play the "Sticking Game".

T：Oh，the doll's face is empty．Who can help it?

T：Where is the doll's ear? （教师到处寻找，找到了耳朵的图片）

T：Look! I found the doll's ear．I stick the ear on the face.（教师把耳朵贴在图片相应位置）

T：Now，it's your turn．Boys and girls，please go to find eyes/ears/noses/mouths. Put them in the basket.（教师组织幼儿把事先藏起来的卡片找出来）

T：OK. Tina，please come here to stick the nose.（幼儿听教师的指令选择正确的卡片并贴在相应的位置）

T：Well done，Tina.

T：This time，please stick the mouth.

T：Who can try?

S：Let me try! （教师可以根据实际情况请几个幼儿上前贴图）

Game 3　Matching Game

音频

游戏任务：送水果给小动物们吃。

语言目标：

1. 听懂动物名称 dog，cat，rabbit，monkey 和水果名称 apple，banana，pear，orange。

2. 听懂句型"What do you like?"。

游戏准备：dog，cat，rabbit，duck 等动物玩具，apple，pear，banana，orange 等水果。

游戏玩法：

1. 教师带领幼儿复习动物和水果名称。

2. 教师发指令语："The cat wants an apple."（指令可以随意变换）

3. 教师点选 2 名幼儿按照指令送水果给小动物们吃，送对水果并最先到达的幼儿胜出。

游戏组织用语：

T：There are four friends here．They will play with us．Look! Here they are! Say hello to them，please.

T2：Hello! Cat! Hello! Dog! ...

T：We have so many fruits here．Apple，banana ...（教师带领幼儿复习动物和水果名称，这时，助教配合躲在动物后面发出声音："I'm hungry."）

T：They are hungry．Let's help them.

T：What do you like? （教师问动物）

T：The cat wants an apple．Lily and Peter，ready，go!

T：Congratulations! You're the winner!

T：They're full now，but they're tired．They want to go home．Let's say good-bye.

Game 4　Simon Says

游戏任务：按西蒙的指令做相应动作。

语言目标：练习动作短语 stand up，sit down，clap your hands，stamp your feet，turn left，turn right 等。

音频

游戏准备：适宜全体幼儿伸展活动的活动场地。

游戏玩法：

1. 教师说："Simon says stand up."全体幼儿起立。

2. 如果教师没有说"Simon says"，而是直接发指令"sit down"，则幼儿不能按教师指令做相应动作，保持上一个指令的动作不变。

3. 做错动作或没按规则做的幼儿出局。

4. 继续玩几轮,能坚持到最后的幼儿胜出。

游戏组织用语:

T:Everyone,stand up/sit down!

T:Everyone,clap your hands/stamp your feet/turn left/turn right.

T:If I say "Simon says clap your hands",clap your hands quickly!(教师边说边做拍手的动作并带领幼儿练习几遍)

T:Great! Simon says turn left. /Simon says turn right.

T:Now,if I don't use "Simon says",you don't need to respond.

T:Turn left! No!(教师示范引导幼儿:不说"西蒙说"的指令,不能做相应动作)

T:Do you understand? Let's begin!

T:Let's see who will be the winner!

T:Well done! You did a good job!

T:Sorry,you are incorrect. You are out.

Game 5 Where's the Stone?

音频

游戏任务:根据同伴说单词声音的大小去寻找小石头。

语言目标:重复练习所学的单词或词组的发音。

游戏准备:幼儿可以完全握在手心的小石头1块。

游戏玩法:

1. 教师请一个幼儿(当"It")上前背对其他幼儿。

2. 教师把小石头给任何一个幼儿("It"除外)握在手心,不能露出来。

3. 当教师数1,2,3,所有幼儿都要把双手紧握双拳放在桌面上。

4. 教师让"It"转身,这时所有幼儿统一说一个新学的单词或词组,如"Candy"。

5. "It"根据幼儿说单词声音的大小去找到石头,当"It"行走离小石头的位置越近,幼儿说单词的声音就要越大,反之就越小。

游戏组织用语:

T:Let's play the game "Where is the Stone?".(教师出示小石头)

T:Who wants to try?

S:Let me try!

T:Lily,come here please. You're the "it". Don't look back.(请 Lily 上前背对其他幼儿)

T:OK,everyone,put your fists on your desks.(教师藏好石头后,请所有幼儿握拳放在桌面上)

T:Lily,turn back,please.(教师藏好小石头后让 Lily 转身)

T:Everyone,please keep repeating the word "candy".(教师出示糖果的卡片示意幼儿齐声说)

When Lily gets close to the "stone",please repeat the word loudly. When she goes far,lower your voice.(教师边讲解规则边做示范)

T:Lily,you can go to find the stone according to their voice. Are you ready? Go!

Game 6 Whispering

音频

游戏任务:分组接力传话。

语言目标:训练幼儿对英语单词或句子的听说能力。

游戏准备:每一排为一组,全班分成四组;相同单词的图片各两组(一张发给第一个幼儿,另一张放在黑板的终点处供最后一个幼儿挑选粘贴)。

游戏玩法：

1. 教师分别发给每一组最后一排的幼儿一张小图画。

2. 在教师说"开始"后,最后一排的幼儿即用耳语小声地把这个图片表示的英语单词告诉前面的幼儿,这位小朋友再把听到的单词告诉前面的小朋友……这样依次进行下去。

3. 最后,第一排的孩子把所听到的单词的图片贴到黑板上,传得最快、最准的组得一分。

游戏组织用语：

T：Now，I'll divide you into 4 groups.

T：I'll whisper the flashcards into the back four students' ears. The students at the back of each group must whisper these cards to the student in front of you.（教师边说边让两名幼儿配合示范传话）

T：The student at the front of the row must grab the correct flashcards and stick it to the blackboard.（教师动作示范把单词图片贴到黑板上）

T：The first group to put up the flashcards in the correct order wins a point.

T：OK! Are you clear?

T：Now，let's play the game!（教师发给每一组最后一排的幼儿一张小图画）

T：One，two，three，go!（幼儿依次将听到的单词告诉前面的小朋友,第一排的幼儿把听到的单词图片贴到黑板上）

T：Great! Group 1 is the quickest and they are correct. Group 1 can get 1 point.

Game 7　Hopscotch Race

游戏任务：接力比赛说出颜色。

语言目标：能说出表示颜色的单词 red，yellow，green，blue，purple。

游戏准备：red，yellow，green，blue，purple 颜色地垫或几何形状若干张。

音频

游戏玩法：

1. 在地板上贴各两组两列颜色各不相同的地垫或几何形状。

2. 教师将幼儿分成两组。

3. 两组幼儿听教师发出指令"开始"后,组内幼儿轮流单脚跳格子,每跳进一个颜色格子需要说出该颜色的英文名称。

4. 说错颜色的幼儿要跳回起点重新再来,先轮完的组获胜。

游戏组织用语：

T：Look at me. When you go, say "Red，green，yellow，orange . . ."（教师示范单脚跳彩格并说出颜色,到达终点处）

T：The fastest team can win the game. Can you understand? OK，let's go.（将孩子带到起点处准备开始）

T：First，I'll divide you into two groups.（教师用分组歌谣"Soda，Cracker"把孩子分成"Boo team"和"You team"两组。）

T：Icky，bicky，soda，cracker. Icky，bicky，boo.

　　Icky，bicky，soda，cracker，out goes you.

T：Now，tell me "Which team are you in?"

S1：Boo Team.

S2：You Team.

T：Are you ready?

Ss：Yes，I'm ready.

T：One，two，three，begin.

T：Great.

T：Bravo！You've done a good job！

Game 8   What Time Is It Now，Mr. Wolf?

音频

游戏任务：在狼用餐的时间赶紧逃离。

语言目标：能用"What time is it now?"进行提问，能用英语从 1 数到 12。

游戏准备：狼的头饰 1 个，眼罩 1 个。

游戏玩法：

1. 教师先定好老狼站的圈地（就地画个圈），和游戏开始的地方（离老狼的圈地大约 20 米处画一条长线作为起点线）。

2. 请 1 个幼儿当老狼，给他蒙上眼睛，在圈地里面对幼儿站好。

3. 其余幼儿站在开始的线外，集体向老狼发问："What time is it now，Mr. Wolf?"

4. 老狼回答几点，幼儿就需要向前走几步，当老狼回答的是"It's dinner time."的时候，就可以把眼罩摘下去追赶幼儿。

5. 被老狼抓到的幼儿当老狼，继续游戏。

游戏组织用语：

T：Let's play the game "What time is it now，Mr. Wolf?"

T：Who can try?

T：Tom，you try. Come here. You're Mr. Wolf now. Stand here，and put on the eye shade. Listen and answer the question.（教师边说边指向老狼的圈地和开始的地方）

T：Everybody，begin here.（教师边说边指向起点线）

Let's ask Mr. Wolf together. What time is it now，Mr. Wolf?

T：Mr. Wolf，you can answer the time from 1 – 12 o'clock or the dinner time.

S：10 o'clock.

T：Mr. Wolf said it's 10 o'clock. You should go ten steps forward.

T：When Mr. Wolf answers "dinner time"，he will take off the eye shade and try to catch one of you.

T：You have to run back as quickly as you can. Back here，and you'll be safe.（教师边说边指向起点线）

Game 9   Who Is Speaking?

音频

游戏任务：猜猜是谁在说话。

语言目标：复习对话"What can you see?""I can see ...";练习句型"Who is speaking?"。

游戏准备：

1. 复习所需的动物、水果、日用品等图片，眼罩 1 个，帽子 1 顶。

2. 已经掌握有关的问答语"What can you see?" "I can see ..."。

游戏玩法：

教师和幼儿围成一圈，教师示范游戏玩法。

教师戴上眼罩，发出"Passing down"的命令，幼儿依次传送帽子。在听到"Stop"口令时拿到帽子的幼儿根据教师出示的图片回答问题"What can you see?"，该幼儿答"I can see ..."。

大家一起问老师（第一个蒙眼的人）"Who's speaking?"蒙眼的人听声音猜回答问题的人是谁，若猜对，则由回答问题的人蒙眼问问题，其他幼儿传递帽子，游戏循环进行;若猜错，蒙眼的幼儿不变。

幼儿熟悉游戏后，可刻意改变声音，增加猜测难度。

游戏组织用语：

T：I can not see you，but I can hear you. Now，let's play the game — Who Is Speaking？（教师戴上眼罩）

T：Now，pass the hat："Passing down，passing down，passing passing down ..." "Stop!"（教师和幼儿一起传帽子，当听到"stop"时拿到帽子的幼儿回答老师的问题）

T：What can you see?

S1：I can see a tiger.

Ss：Who's speaking?（大家一起问教师）

T：Peter!

Ss：Yes!（教师和幼儿继续玩几轮）

T：Game is over! Are you happy?

Game 10　Paint Balls

音频

游戏任务：根据同伴回答的颜色指令换座位。

语言目标：能够听懂问题"What color do you like?"并做出回答："I like red/yellow/blue/paint balls."

游戏准备：red，yellow，blue 彩色球若干个（根据班级幼儿人数确定个数），每个幼儿一把小椅子。

游戏玩法：

教师给每个幼儿发一个彩色球。

教师引导孩子提问："What color do you like?"

当教师说"I like red balls"，拿红色球的幼儿要变换座位，教师也去抢占其中一个幼儿座位，没抢到座位的小朋友则站中间发指令。

如果所发指令是"paint balls"，所有的小朋友都要快速变换座位，没抢到座位的小朋友则站到中间继续下一轮游戏发指令。

游戏组织用语：

T：Let's make a circle and sit down.

T：Look! We have so many colorful balls in my basket. Red balls，yellow balls，blue balls ...

T：Now，I'll give each of you a ball. Bella，this is your ball.（教师给幼儿和助教 Bella 分发颜色球）

Bella & Ss：What color balls do you like?（助教引导幼儿一起向教师提问）

T：I like red balls.（教师故意说助教手里拿的颜色球）

T：Who has red ball?

T：Lily，Tom and Bella have red balls，so you should change seats quickly. Tom ... Lily ... Be quick!（教师一边引导贴有苹果的幼儿互换位置抢座位。一边去抢助教的座位，助教老师故意没抢到座位，站到中间发指令）

T：Oh，Bella，you are too slow. Come here.

Bella：Paint balls!

T：Paint balls! Everyone，change your seats quickly.（当听到指令"paint balls"，所有的小朋友都要快速变换座位，没抢到座位的小朋友则站到中间发指令，继续玩几轮）

下面表格中列出了一些游戏活动组织中教师需要注意的细节，和同学们一起观测一下，评一评吧。

表 2–1 教师引导游戏行为评价表

项目	观测事项	操作细节	模拟小朋友的反馈	旁观同学的反馈	自我评价
教态	站姿	大方自信,腰背挺直自然			
	站的位置	始终便于观察活动过程全场情况			
	肢体示范	动作到位、美观、符合游戏情景需要			
	肢体回应	对幼儿做出的反应回应及时、多样			
	眼神交流	回应及时,和所有孩子都有交流			
	笑容	亲切			
英语语言表达	用语	简洁、准确			
	声音	响亮、有活力			
	语气	能根据游戏情景需求进行变化,富有感染力			
	对孩子的回答	语言回应及时,鼓励方式丰富			
	规则讲解	语言简练、清晰,符合活动对象的年龄段认知水平			
		肢体动作和话语搭配得当,示范清晰			
改进建议记录					

(自测表评价满分为 5 分,评价者根据演示者的具体操作进行评价。)

 想一想

1. 你能根据下表提示,把上述游戏归类到下面各个年龄段幼儿适合玩的游戏中,填到表格中的空白处吗?

表 2–2 游戏归类表

年龄段	3—4 岁	5—6 岁
幼儿年龄特点	对游戏的动作、角色、情节都很感兴趣,但不太注意结果,模仿性强,抑制力差	对周围事物的认识和理解能力提高,有一定的抑制能力,重视游戏的规则,动作更协调灵活
选用游戏特点	以非竞争性游戏为主,规则简单,不带有限制性,易于幼儿遵守,以集体行动做同一动作,共同完成同一任务为主	可用竞争性的分组游戏,加大动作的难度,要克服一定的困难才能达到游戏的目的
游戏范例		

(提示:游戏可重复选择。)

2. 讨论:如果把幼儿的英语水平简单地分为初阶、中阶、高阶,上述游戏适合哪个英语水平阶段的幼儿?做选择后,请用严密的逻辑思维和流畅清晰的表达阐明你的理由。

表达提纲：

做一做 小组中，请每人从游戏集锦中选择一个游戏，尝试自己编写英语游戏组织用语，并在小组里模拟组织一下吧。

Your plan：

第二节 进阶训练

在这个训练阶段,你将学习如何区分不同的英语小游戏对语言训练的作用,并尝试根据语言训练需要,选择或设计英语小游戏。

一、热身游戏

幼儿英语活动中,热身环节主要的作用是集中幼儿的注意力,或唤醒幼儿对本次活动中重点语言材料的记忆,为下一步的英语学习和练习做好相应的准备,组织时长一般以 2—3 分钟为宜。常见的形式有歌谣游戏热身、练习记忆或反应的小游戏热身。

下面有两个小游戏开展示例,请你来当老师,用英语组织小朋友们玩一玩,把小朋友们的注意力集中过来,做好英语学习的准备吧。

Game 1 Dance Your Fingers

游戏任务:跟着老师把手指动起来。

语言目标:复习已学的身体部位英文名称。

适合年龄段:所有年龄段。

游戏准备:儿歌音频"Dance your fingers",音频播放器。

游戏玩法:根据教师的指令一起边有节奏地念儿歌边做动作。

Dance your fingers up.(手举起,手指不停地动)

Dance your fingers down.(手放下,手指不停地动)

Dance your fingers to the side.(双手先移向左边再移向右边,手指不停地动)

Dance them all around.(双手一起在中间画个圈,手指不停地动)

Dance them on your shoulders.(双手放在肩膀上,手指不停地动)

Dance them on your head.(双手放在头顶上,手指不停地动)

Dance them on your tummy.(双手放在肚子上,手指不停地动)

And put them all to bed.(双手合起来放到脸颊一侧做睡觉状)

儿歌音频

Game 2   I See Something You Don't See

游戏任务：猜出水果的名称。

语言目标：复习巩固所学颜色和水果名称。

适合年龄段：所有年龄段。

游戏准备：一个大盒子,蜂王头饰(一个)。

游戏玩法：

1. 点出一名幼儿来当蜂王"King Bee"。

2. 让"King Bee"从大盒子里挑选出一件物品(注意不能让其他幼儿看见)。

3. "King Bee"用歌谣说出该物品的颜色,让其他"小蜜蜂"猜出该物品:

Bumble Bee Bumble Bee,

I see something you don't see,

And the color of it is red/yellow . . .

儿歌音频

4. 其他幼儿开始猜,直到猜出该水果为止。

5. 猜对的幼儿当上"King Bee",继续下一轮的游戏。

下面表格中列出了一些游戏活动组织中教师需要注意的细节,和同学们一起观测一下,评一评吧。

表 2-3   教师引导游戏行为评价表(热身环节)

项目	观测事项	操作细节	模拟小朋友的反馈	旁观同学的反馈	自我评价
热身游戏	活动形式	游戏时间控制在 2—3 分钟内			
		师幼互动活跃			
	语言内容	英语语言内容呈现形式活泼			
教态	站姿	大方自信,腰背挺直自然			
	站的位置	始终便于观察活动过程全场情况			
	肢体示范	动作到位、美观、符合游戏情景需要			
	肢体回应	对幼儿做出的反应回应及时、多样			
	眼神交流	回应及时,和所有孩子都有交流			
	笑容	亲切			
英语语言表达	用语	简洁、准确			
	声音	响亮、有活力			
	语气	能根据游戏情景需求进行变化,富有感染力			
	对孩子的回答	语言回应及时,鼓励方式丰富			
	规则讲解	语言简练、清晰,符合活动对象的年龄段认知水平			
		肢体动作和话语搭配得当,示范清晰			
改进建议记录					

(自测表评价满分为 5 分,评价者根据演示者的具体操作进行评价。)

还有哪些小游戏可以用来进行幼儿英语活动热身？

从游戏集锦里找一找，尝试根据游戏需要编写英语游戏组织用语，模拟组织实施吧！

二、听力游戏

幼儿英语学习的顺序是先听懂，再学说、会说。英语听力游戏主要用于检查幼儿对新学语言内容的理解，提供更多的语言表达示范，给幼儿一个检测语言学习情况和自我修正的机会。在这类游戏中，通常只需要幼儿能听懂教师指令做出正确的肢体反应即可，不强迫幼儿开口学说。

玩一玩

下面有三个小游戏示例，请你来当老师，用英语来组织小朋友们玩一玩，检查一下小朋友是否能理解语言材料吧。

Game 1　Little Gunner

游戏任务：听到什么就用手枪瞄准该图片。

语言目标：听懂图片名称。

适合年龄段：所有年龄段。

游戏准备：单词图片，双面胶或透明胶。

游戏玩法：

1. 把所学过的单词图片摆在教室的四个角。

2. 图片摆好后，老师告诉小朋友课上要玩的游戏名称，并用动作做出 gunner 的姿势，让小朋友猜出 gunner 的意思。

3. 让每个小朋友都做好 shooting（开枪）的准备。

4. 教师当指挥官，下令："Shoot at the . . . !"

5. 小朋友用手做枪，射向该单词的方位。

Game 2　Hammer Hitting

游戏任务：触碰到什么物品，就说出该物品的名称；或者听到什么物品的名称就触碰该物品。

语言目标：听懂并说出触碰到的物品名称。

适合年龄段：所有年龄段。

游戏准备：实物、卡片、挂图，带有声响的小塑料锤。

游戏玩法：

1. 教师先把数张卡片放在地上。

2. 由教师拿锤子敲击物品，带领幼儿说出名称。

3. 请一个幼儿手持锤子，教师说一个物品名称，拿锤子的小朋友敲击该物品并说出物品的名称。

4. 换一个幼儿拿锤子敲击物品，其他幼儿自主说出物品名称。说得最快且正确的可以得到拿锤子敲物品的权利。（如果同时有多个幼儿说出，则通过"Paper, Scissors and Rock"（锤子、剪刀、布），或其他游戏选出拿锤人）

5. 该游戏还可以用沙包、吸力球或报纸团投掷、用手拍、用脚跳、用小手枪对准等代替小锤子的敲击。

6. 除了单个物品一个一个玩，还可以把物品摆成中间可以躺一个孩子的圆圈，同时说四个或五个物品名称，让幼儿躺在地上用手脚和头同时触碰五个物品。

Game 3　Giving Game：The Wolf Is Hungry!

游戏任务：老狼想吃什么，幼儿就要以最快的速度把手里的食品交给老狼。

语言目标：听懂食品单词 hamburger，sandwich，bread。

适合年龄段：所有年龄段。

游戏准备：根据人数，准备相应的 hamburger，sandwich，bread 的直观教具（实物、模型或卡片）、老狼头饰一个。

游戏玩法：

1. 教师分发"食品"，幼儿随机抽取一样"食品"。

2. 教师确认幼儿手里的"食品"。

T："Hamburger, hamburger, where are you?"

S："Here! It's here!"

3. 助教老师戴老狼头饰进入，凶狠地说："I'm hungry! I want to eat . . ."同时两眼向幼儿手里的食物扫视，先说出主教老师手里的东西。

4. 主教老师以最快的速度把手里的食品交给"老狼"，并告诉幼儿，老狼想吃什么就赶紧给它，否则它就会把你吃掉。

5. 游戏继续，直到把所有的食品都吃完。

6. 游戏结束：老狼离开，或被撑死。

下面表格中列出了一些游戏活动组织中教师需要注意的细节，和同学们一起观测一下，评一评吧。

表 2-4　教师引导游戏行为评价表（听力游戏）

项目	观测事项	操作细节	模拟小朋友的反馈	旁观同学的反馈	自我评价
听力游戏	活动形式	有趣，能吸引幼儿			
	语言训练	游戏时幼儿有需要听音思考分辨词义再做出相应动作的过程			
		教师能清楚地用动作表示指令			

项目	观测事项	操作细节	模拟小朋友的反馈	旁观同学的反馈	自我评价
教态	站姿	大方自信,腰背挺直自然			
	站的位置	始终便于观察活动过程全场情况			
	肢体示范	动作到位、美观、符合游戏情景需要			
	肢体回应	对幼儿做出的反应回应及时、多样			
	眼神交流	回应及时,和所有孩子都有交流			
	笑容	亲切			
英语语言表达	用语	简洁、准确			
	声音	响亮、有活力			
	语气	能根据游戏情景需求进行变化,富有感染力			
	对孩子的回答	语言回应及时,鼓励方式丰富			
	规则讲解	语言简练、清晰,符合活动对象的年龄段认知水平			
		肢体动作和话语搭配得当,示范清晰			
改进建议记录					

(自测表评价满分为 5 分,评价者根据演示者的具体操作进行评价。)

想一想

还有哪些小游戏可以用来检测幼儿是否有能力理解语言材料的?

做一做

从游戏集锦里找一找,尝试根据游戏需要编写英语游戏组织用语,模拟组织实施吧。

Your plan:

三、模仿学说游戏

幼儿要能开口说英语,必须要有大量的语言信息输入和大量的语言重复训练,在熟练语言材料后,才有可能在交际需要的情景中说出来。因此,在开展交际游戏活动前,需要组织不同形式的模仿学说游戏,以淡化语言重复训练的枯燥,帮助幼儿较快地掌握新词、短语或句子的表达,如"Game 1 Passing Down","Game 2 What's Missing?"。它的特点就是让幼儿在游戏中不断地重复某个语言材料,直至任务完成,通常用在新授课呈现新的语言材料后结合听力游戏开展。

下面有几个小游戏开展示例,请你来当老师,用英语组织小朋友们玩一玩,让小朋友们在游戏中不断地重复学说英语吧。

Game 1　Passing Down

游戏任务:音乐停止,传到的幼儿要站起来大声说出他/她听到的单词。

语言目标:复习所学单词。

适合年龄段:所有年龄段。

游戏准备:音乐材料,单词卡片。

游戏玩法:

1. 教师通过幼儿颜色的选择将全班分成红黄两组。
2. 教师与幼儿围坐成一个圈,两组幼儿分别坐在教师的左右两边。
3. 教师分别给两组第一个幼儿悄声说两个不同的单词。
4. 两组开始悄声传递单词。
5. 传到最后一个幼儿,两个组谁先大声并正确说出单词,哪个小组获胜。
6. 游戏反复进行。

游戏注意事项:幼儿在传递单词时必须很小声,只能让下一个幼儿听到。

Game 2　What's Missing?

游戏任务:考考你的记忆力,看看哪张卡片不见了。

语言目标:能正确说出已学的单词。

适合年龄段:所有年龄段。

游戏准备:已学的单词卡片若干(视幼儿实际积累和记忆能力准备数量),白板或黑板,粘贴卡片用的双面胶。

游戏玩法:

1. 教师把学过的单词卡片粘贴在黑板或白板上,请幼儿注意记住它们的位置。
2. 教师请幼儿闭上眼睛或转身背对白板,并抽走其中一张或两张图片。
3. 教师请幼儿睁开眼睛或转身过来看看哪张图片不见了。

Game 3　Freeze

游戏任务:解救被冰冻的动物小伙伴。

语言目标:

1. 复习巩固学过的儿歌。
2. 能说出动物单词。

适合年龄段:4岁以上。

音频

游戏准备：每种动物头饰各两个。

游戏玩法：

1. 复习各种动物单词,让幼儿戴上动物头饰。

2. 幼儿分别去找与自己有同样动物头饰的朋友,并手拉手站好,准备游戏。

3. 集体表演歌谣"You have one,I have one",在歌谣结束时,幼儿摆出各种造型动作,停止不动。

4. 当教师点到其中一名幼儿的名字时,他的朋友就要喊出他们的动物名称。如幼儿能正确说出动物名称,这两个幼儿则可自由活动一次。

5. 当教师说:"One,two,three,change!"时,幼儿便可以换造型。

游戏组织用语：

T：Hello,boys and girls! Now clap your hands,please! Quickly! Slowly!

T：What are these?（复习各种动物单词,教师依次出示成对的动物图片让幼儿回答）

T：They are for you.（教师请幼儿回答后戴上动物头饰）

T：Now,look for your friends.（幼儿分别去找与自己有同样动物头饰的朋友,并手拉手站好）

T：Let's sing the chant together.

 You have one,I have one.

 Two little children see a big man.

 You have two,I have two.

 Four little children go to school.

 You have three,I have three.

 Six little children plant a tree.

 You have four,I have four.

 Eight little children stand at a door.

T：Anna.（教师点一名幼儿）

S1：Duck.（和 Anna 一组的小朋友喊出他们的动物名称）

T：Yes,you are free!（这两个幼儿可自由活动一次）

T：One,two,three,change!（这两个幼儿可以换造型）

T：Game is over. See you tomorrow!

下面表格中列出了一些幼儿英语游戏活动组织中教师需要注意的细节,和同学们一起评一评吧。

表 2-5　教师引导游戏行为评价表(模仿学说游戏)

项目	观测事项	操作细节	模拟小朋友的反馈	旁观同学的反馈	自我评价
模仿学说游戏	活动形式	有趣,能吸引幼儿			
	语言训练	幼儿自觉地在游戏中重复学说语言材料			
教态	站姿	大方自信,腰背挺直自然			
	站的位置	始终便于观察活动过程全场情况			
	肢体示范	动作到位、美观、符合游戏情景需要			
	肢体回应	对幼儿做出的反应回应及时、多样			
	眼神交流	回应及时,和所有孩子都有交流			
	笑容	亲切			

续　表

项目	观测事项	操作细节	模拟小朋友的反馈	旁观同学的反馈	自我评价
英语语言表达	用语	简洁、准确			
	声音	响亮、有活力			
	语气	能根据游戏情景需求进行变化,富有感染力			
	对孩子的回答	语言回应及时,鼓励方式丰富			
	规则讲解	语言简练、清晰,符合活动对象的年龄段认知水平			
		肢体动作和话语搭配得当,示范清晰			
改进建议记录					

(自测表评价满分为 5 分,评价者根据演示者的具体操作进行评价。)

还有哪些小游戏可以用来让幼儿重复学说英语的?

做一做

从游戏集锦里找一找,尝试根据游戏需要编写英语游戏组织用语,模拟组织实施吧。

四、交际游戏

　　交际游戏是在幼儿掌握了语言材料表达的基础上,给幼儿提供语言情景,让幼儿可以有使用英语交际的机会。这类游戏和模仿学说游戏的区别在于游戏中要为幼儿制造"已知"和"未知",让幼儿有听的理由和说的动机。如基础训练中的游戏"What Time Is It Now, Mr. Wolf?"中,老狼属于已知的一方,其余的人是未知的一方,你要想知道什么时候才跑,就得不断地向老狼发问。

玩一玩

下面有几个小游戏开展示例,你能说说游戏中的"已知"方和"未知"方吗? 请你来当老师,用英语组织小朋友们玩一玩,让小朋友们在游戏中把英语用起来吧。

Game 1　What Do You Want?

游戏任务:按照指令搜集物品,搜集速度越快并且是正确物品的组获胜。

语言目标:单词练习。

适合年龄段:4 岁以上。

游戏准备:实物或卡片。

游戏玩法:

1. 将全班幼儿分成若干组。

2. 全班幼儿问教师:"What do you want?"

3. 教师回答:"I want 3 shoes, 2 coats and 2 hats."

4. 各小组开始按照指令搜集物品,速度最快且正确的小组获胜。

Game 2　Where Is the Tiger?

游戏任务:猜猜老虎在哪里。

语言目标:运用句型"Where is ...?""It's on the left/right/in the middle."表示 3 个方位。

适合年龄段:5 岁以上。

游戏准备:3 张扑克牌大小的动物图片,其中一个是 tiger。

游戏玩法:

1. 先复习 3 张牌上的动物名称。

2. 教师把 3 张牌反过来,图片内容在下,放在桌面上。

3. 教师任意交换图片的位置让小朋友猜"Where is the tiger?"。

4. 教师与小朋友的对话:

　　— Where is the tiger?

　　— The tiger is on the left/right.

　　— The tiger is in the middle.

5. 游戏反复几遍。

6. 组织小朋友自己制作牌,两个人以上一组自己玩,教师在旁指导。

Game 3　Passing Down the Balls

游戏任务:传球找到好朋友互相问候。

语言目标:学习对话:"I'm ... How old are you?";"I'm ... Thank you, goodbye."。

适合年龄段:4 岁以上。

游戏准备:一面鼓,两个小球,CD 机。

游戏玩法:

1. 幼儿围坐成一圈。

2. 教师放音乐开始传球,一个球按顺时针方向传,一个球按逆时针方向传。

3. 当音乐停下时,拿着球的两个幼儿进行下面的对话:

　　"Hello, how old are you?"

"I'm ... How old are you?"

"I'm ... Thank you，goodbye."

"Goodbye."

4. 如果出现一个幼儿同时拿到两个球的情况，可以由该幼儿和教师来进行对话。

下面表格中列出了一些幼儿英语游戏活动组织中教师需要注意的细节，和同学们一起评一评吧。

表2-6 教师引导游戏行为评价表(交际游戏)

项目	观测事项	操作细节	模拟小朋友的反馈	旁观同学的反馈	自我评价
交际游戏	活动形式	有趣,能吸引幼儿			
	语言训练	幼儿有交际动机,主动用英语进行交流			
仪态	站姿	大方自信,腰背挺直自然			
	站的位置	始终便于观察活动过程全场情况			
	肢体示范	动作到位、美观,符合游戏情景需要			
	肢体回应	对幼儿做出的反应回应及时,多样			
	眼神交流	回应及时,和所有孩子都有交流			
	笑容	亲切			
英语语言表达	用语	简洁、准确			
	声音	响亮、有活力			
	语气	能根据游戏情景需求进行变化,富有感染力			
	对孩子的回答	语言回应及时,鼓励方式丰富			
	规则讲解	语言简练、清晰,符合活动对象的年龄段认知水平			
		肢体动作和话语搭配得当,示范清晰			
改进建议记录					

(自测表评价满分为5分,评价者根据演示者的具体操作进行评价。)

还有哪些小游戏可以用来制造交际动机,让幼儿把英语用起来的?

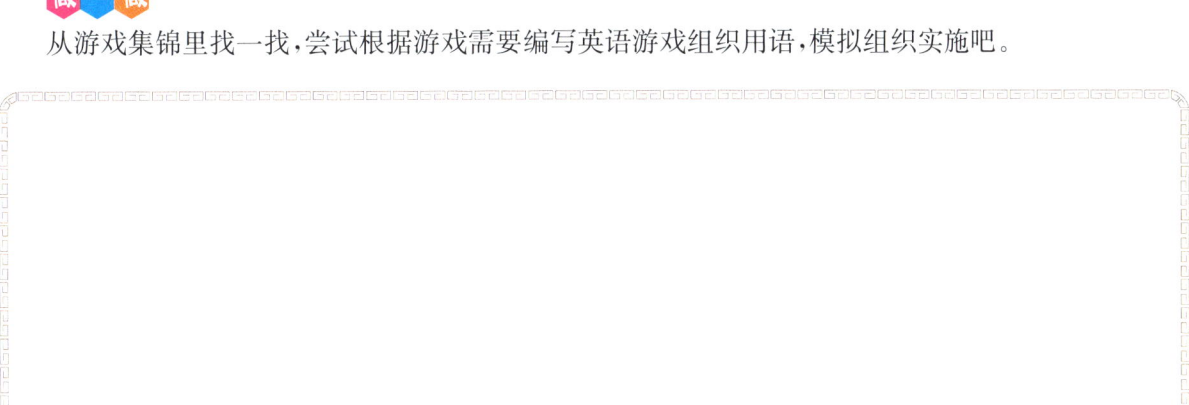

从游戏集锦里找一找，尝试根据游戏需要编写英语游戏组织用语，模拟组织实施吧。

第三节 综合训练

在这个训练阶段,你将学习如何根据语言目标和幼儿年龄段特点,综合利用各种游戏进行整体设计并组织一个幼儿英语活动。

本节的游戏案例按幼儿园小班、中班、大班三个年龄层次的特点分为三个等级。每个 level 的游戏是特定的年龄段可以完成的,大年龄段的幼儿可以玩小年龄段的游戏,但是大年龄段的游戏却很难在小年龄段幼儿中实施。

Level 1 的故事主线是小男孩 Max,他的宠物狗失踪了,小朋友在帮 Max 寻找宠物狗的过程中,遇到不一样的事情,这些就是不同的游戏任务。

Level 2 的故事主线是 Max 一家搬到了城里(Wonder Town),住在 Wonder Town 的 Fancy 阿姨带领着 Max 进行"城市穿梭",体验不同的职业生活。

Level 3 的故事主线是 Max 和他的朋友们在 Peter 叔叔的带领下将前往夏威夷进行夏令营活动。为了顺利完成这次活动,小朋友们需要完成 Peter 叔叔布置的五个任务。

每个等级的游戏任务中,对语言的要求和任务执行的难度基本是呈梯级上升的,快去体验一下吧!

Level 1　Finding Duggee

小男孩 Max 有一只宠物狗，名字叫 Duggee。他们一起生活，一起玩耍，已经成为密不可分的好朋友。但是有一天，Max 和 Duggee 在公园里玩耍的时候，一件令人担心的事情发生了。是什么事呢？我们一起去看看吧。

Task 1　Finding Duggee

音频　　　歌曲

游戏情景：
Max 是一个爱探险的小男孩，他想去很多很有意思的地方探险。有一天，他带着小宠物 Duggee 一起来到了公园，可是 Duggee 却在公园里走丢了，Max 可着急了！让我们帮助 Max 一起寻找 Duggee，踏上冒险的旅程吧！

游戏任务：
帮助 Max 一起拼好 Duggee 五官的照片，找到 Duggee 的踪影。

语言目标：
听懂单词"eyes，ears，nose，mouth"，挑选正确的图片粘贴在相应的位置上。

游戏准备：
1. 小男孩手偶或玩偶 1 个，小狗的手偶或玩偶 1 个，小狗脸部轮廓图片 5 张（五官空白），可粘贴的小狗眼睛、鼻子、嘴巴、耳朵图片 5 套。
2. 公园场景图片 PPT。

游戏玩法：
1. 教师事先把小狗的五官卡片藏起来。
2. 教师组织幼儿复习五官单词。
3. 教师引导幼儿去把事先藏好的小狗五官卡片找出来。
4. 幼儿按照教师的指令一一把五官贴在小狗空白的脸框里。

游戏过程：
1. 热身。
（1）教师和孩子们一起玩"Peek-a-boo"的儿歌游戏。
T：Peek，peek，peek-a-boo. Peek，peek，I see you.
T：Oh，Max! Hello，Max! Oh! Duggee! Hello，Duggee!（教师从身后变出 Max 和 Duggee）
（2）教师带领孩子们复习小狗 Duggee 的五官英文名称。
T：Look! Duggee's eyes/nose/ears/mouth. Please touch it.（教师边说指令边摸 Duggee 的五官）
S：Eyes/nose/ears/mouth.（幼儿跟着教师重复学说单词，教师请个别幼儿触摸小狗玩偶的相应五官部位）
（3）教师用儿歌配动作和孩子们玩"touch my body"来复习五官单词。

T：Eyes，eyes，look，look，look. Nose，nose，smell，smell，smell. Ears，ears，hear，hear，hear. Mouth，mouth，yummy，yummy，yummy.（老师边念边做动作）

2．游戏情景导入。

（1）播放公园PPT图片。

T：Duggee is Max's pet. They are good friends. Look，they are playing in the park.

（2）教师事先藏好Duggee脸部轮廓图片和五官图片。教师拿着Max手偶和孩子们再一次玩"Peek-a-boo"游戏。

T：Peek，peek，peek-a-boo. Peek，peek，I see you. Oh，where is Duggee?（教师做状到处寻找，找到了Duggee的图片，但是它的脸部缺五官）

T：Oh，Duggee is here. Where's Duggee's ears/mouth?

3．游戏规则演示。

教师示范规则。

T：Where is Duggee's ear? Oh，Look！I found Duggee's ear.（教师作状到处寻找，找到了耳朵的图片）

T：Look！I found Duggee's ear. So I stick the ear on Duggee's face.（教师把耳朵贴在图片相应位置）

4．开始游戏。

（1）教师组织幼儿把事先藏起来的卡片找出来。

T：Now，it's your turn. Boys and girls，please go to find Duggee's eyes/ears/nose/mouth.

（2）幼儿听教师的指令选择正确的卡片并贴在相应的位置。

T：OK. Tina，please come here to stick Duggee's nose.

T：Well done，Tina.

T：This time，please stick the mouth on Duggee's face.

T：Who can try?

S：Let me try！（教师可以根据实际情况请几个幼儿上前贴图）

T：Good job. Please stick the ears on Duggee's face.（教师引导孩子们把五官贴在Duggee图片的相应位置）

S：OK.（孩子们按教师指令要求完成五官图片粘贴，则任务完成）

5．结束游戏。

T：Well done！Duggee's picture is OK.

T：Let's sing the Song "Eyes Nose Mouth and Ears". Bye-bye，I'll see you in the next task.

孩子们和Max一起唱"Eyes Nose Mouth and Ears"，说再见。

游戏注意事项：

1．游戏前要求幼儿仔细听清教师的指令。教师的指令要清晰，必要时可重复几遍。

2．小狗的图片和配套的五官图片数量可以根据班级人数多少来设置。

3．对小班的幼儿要更多地注重奖励和鼓励。教师可以根据孩子整体水平进行游戏的调整。

你觉得幼儿在开心玩游戏的同时学到了什么？根据下表的提示想一想吧。

训练的语言技能	练习的语言材料	其他领域能力

用附录的《教师引导游戏行为评价表（综合版）》，和同学们一起评一评吧。

实践任务：请替换游戏中的单词，并尝试模拟组织一下吧。

（提示：可把五官的单词替换为身体部位的单词。）

Task 2　Amazing Animals Rescue

音频　　　歌曲

游戏情景：

Max 带上拼好的 Duggee 图片，顺着 Duggee 的脚印走到了一片森林前，森林里有好多动物，它们是什么动物呢？动物们被魔法冰冻了，小勇士们和 Max 一起去解救动物们吧！

游戏任务：

解救被魔法冰冻的动物们。

语言目标：

听懂表示动物的单词"cat，tiger，monkey，elephant"，解救相应的动物。

游戏准备：

1. cat，tiger，monkey，elephant 图片和玩偶。

2. 分别代表 4 种动物的 4 种颜色的魔术贴或易撕贴。

3. 森林图景 PPT 或挂图 1 张。

游戏玩法：

1. 教师事先把胶带剪成一截一截，整齐地横向粘贴在动物的卡片上（卡片需要过塑），做出被捆绑的样子，注意胶带粘贴不要重叠。

2. 教师引导幼儿进入游戏情景。

3. 教师将幼儿分成两组。

4. 每组成员轮流听教师指令去解救小动物，每次撕掉 1 根带子，每次最先解救完小动物回到位置上坐好的得 1 分。

5. 得分最多的组胜。

游戏过程：

1. 热身。

教师出示动物图片，只露出部分五官，用猜谜儿歌"I spy ..."猜动物，并复习五官的单词。

T：I spy an ear. Whose ear is it?

S：大象。

T：You are right，it is an elephant. Elephant，elephant，elephant.（教师边说边做大象的动作）

T：I spy a mouth. Whose mouth is it?

S：猴子。

T：Bingo. It's a monkey. Monkey，monkey，monkey.（教师边说边做猴子的动作）

教师模仿 cat/tiger/monkey/elephant 4 种动物的动作和叫声，带领孩子们边念动物的单词边原地走动。

T：Cat，cat，meow，meow，meow!

　　Monkey，monkey，ooh，ooh，ooh!

　　Elephant，elephant，stomp，stomp，stomp!

　　Tiger，tiger，roar，roar，roar!

2. 游戏情景导入。

（1）播放森林场景 PPT。

T：Look，there is a forest.

（2）教师扮演 Max，做用望远镜观察的动作，并做出惊讶的表情，告诉孩子们动物们被魔法绑住了。

T：What's in the forest? I see some animals there. Oh，I see a monkey/a cat/a tiger/an elephant.

T：Oh no! The animals are bound. Let's help them.

3. 游戏规则演示。

助教扮演 Max，与教师共同演示游戏规则。

T2：I'm Max. Don't worry，I'll go first.

T：Go to the cat.（助教听到指令后跑向小猫将易撕贴撕下后返回）

T：Super! Now，it's your turn.

4. 开始游戏。

（1）教师把孩子们分为若干组，每次请一组孩子去解救动物。

T：Ok! Group one，are you ready? Go to save the tiger.

（2）按教师指令要求解救完所有的动物后（将所有动物玩偶的易撕贴撕下），则完成解救任务。

T：Amazing! You save the tiger. Thank you so much!

T：Now，Group two. It's your turn. Please go to the monkey.

T：Yes! You got it.

5. 结束游戏。

（1）教师一一询问孩子解救了哪些动物，在通关手册第二关空白处盖上相应动物的印章，表扬勇敢的小勇士们。

T：What animal do you rescue?

S：Monkey.

T：Oh，it's a monkey. Great! You can cover a monkey's seal.

（2）游戏结束，孩子们和 Max 随着音乐"I Spy an Animal Sing-along Jungle"做动物的动作说再见。

T：Boys and girls，Let's dance with "I Spy an Animal Sing-along Jungle" Song. You are so brave in this task. I'll see you in the next task. Bye-bye!

游戏注意事项：

1. 游戏的分组根据班上孩子的人数确定，一次 3—4 个孩子为宜。

2. 注意胶带粘贴的方法要易于游戏操作。胶带要整齐地横向粘贴在动物的卡片上（卡片需要过塑），胶带注意不要重叠。

3. 教师的动作、表情夸张到位，更能增加游戏的趣味性和孩子的参与热情。

你觉得幼儿在开心玩游戏的同时学到了什么？根据下表的提示想一想吧。

训练的语言技能	练习的语言材料	其他领域能力

用附录的《教师引导游戏行为评价表（综合版）》，和同学们一起评一评吧。

实践任务：请替换游戏中的单词，并尝试模拟组织一下吧。

（提示：可用其他的动物单词替换。）

Task 3　Go Across the Rainbow Bridge

音频

游戏情景:

Max穿过森林,来到了河边,河上有座彩虹桥,小朋友们要过桥去找Duggee,必须在过桥的时候大声说出自己踩到的颜色的英文名称,如果说错或不说,就有可能会被大灰狼吃掉哦。

游戏任务:

大声用英文说出彩虹桥上的颜色,勇敢地过桥。

语言目标:

说出彩虹桥上"red,yellow,orange,green"等表示颜色的英文单词。

游戏准备:

1. 大灰狼头饰1个,Max头饰1个,Dugge的小卡片若干。

2. 苹果、葡萄、桃子、香蕉水果卡片若干张(放进篮子里),红黄橙绿等颜色的地垫若干张。

3. 游戏情景PPT图片。

游戏玩法:

1. 教师事先在教室内或户外画好颜色桥,可以有不同形状,以及藏一些Duggee的小卡片在隐蔽的地方。

2. 教师引导幼儿进入游戏情景。

3. 教师将幼儿分成两组。

4. 两组幼儿听教师指令开始后,组内幼儿轮流过桥,每跳进一个颜色格子需要说出该颜色的英文名称。

5. 已经过了桥的幼儿可以去寻找Duggee。

游戏过程:

1. 热身。

(1) 教师拿出装有不同颜色水果的篮子,和幼儿一起复习各种颜色和水果单词。

T:Wow,so many fruits,red apple,yellow banana,orange,green pear ...

(2) 主班教师和配班教师分别用句型提问幼儿,并分发水果。

T:What do you like?

S:I like apples.

T:Red apple or green apple?

S:Red apple.

T:You can say "I like red apples."

S:I like red apples.(幼儿说对了之后,教师让幼儿从水果篮中拿出自己说出的喜欢的水果贴,贴在胸前)

2. 游戏情景导入。

(1) 教师播放游戏情景图片PPT。

T:Oh,rainbow bridges! We have to go across the bridge. But ...

(2) 播放大灰狼的叫声,教师和小朋友一起猜是什么动物。

T:Who's there? Is it a monkey?

S:No.

T:Is it a tiger/a cat/a bear/an elephant?

S:No.

T:What animal is it? Oh,it's a wolf.(教师带着小朋友赶紧躲起来)

T:The wolf is coming. Let's hide away.

T2:I'm the wolf,I'm the wolf. I'm hungry,I want to eat.(助教扮演大灰狼出现在城堡前)

　　I'm hungry,gloo,gloo,gloo.

I'm hungry，gloo，gloo，gloo.

I'm hungry，gloo，gloo，gloo.

I want to eat.

3. 游戏规则讲解。

T：Oh，the wolf is hungry. She wants to eat. Let's ask her，"Wolf，wolf，what do you like?"

T&S：Wolf，wolf，what do you like?

T2：I like red apples.（狼先说出主班教师胸前贴的水果）

T2：Yummy! The red apple is yummy. But I'm still very hungry.

T：What fruit do you want?

T2：I want to eat a yellow banana.

T：Who can try?

T：Linda，please give a yellow banana to the wolf.（教师请一位小朋友拿香蕉给大灰狼）

S：OK.

T：Anna，please give an orange to the wolf.（教师请另一位小朋友拿橙子给大灰狼，重复几轮）

T2：Ok，I'm full now. Go across the bridge，please.

T：Look at me. When you go，say "Red，green，yellow，orange …".（教师边说边做示范）

T：The fastest team will go and find Duggee first. OK，let's go.

4. 游戏开始。

（1）分组：用 choosing rhyme（分组歌谣）"Soda Cracker"《苏打饼干》来把孩子分成"Boo Team"和"You Team"两组。

T：First，I'll divide you into two groups.

Icky，bicky，soda cracker，icky，icky，bicky，boo.

Icky，bicky，soda cracker，out goes you.

（2）和孩子们确认自己所在的组别。

T：Now，tell me "Which team are you in?"

S：Boo Team.

T：Are you ready?

S：Yes，I'm ready.

T：One，two，three，begin.

5. 游戏结束。

T：Great.

T：Bravo! You've done a good job!

游戏注意事项：

1. 彩虹桥可用红橙黄绿色的地垫开展游戏。

2. 注意游戏开展时孩子之间的活动距离，避免在游戏过程中发生碰撞等安全问题。

3. 粘贴地垫要牢靠，以免幼儿跳时因地垫滑而跌倒。

你觉得幼儿在开心玩游戏的同时学习到了什么？根据下表的提示想一想吧。

训练的语言技能	练习的语言材料	其他领域能力

用附录的《教师引导游戏行为评价表(综合版)》,和同学们一起评一评吧。

实践任务:请替换游戏中的单词,并尝试模拟组织一下吧。

(提示:除了颜色,也可以替换成其他类别的单词,如水果、形状等。)

Task 4　Help Teddy in the Garden

音频

游戏情景:

Max 来到了小熊 Teddy 的花园,花园里有好多水果呀! Teddy 正在发愁呢,因为水果太多了,他摘也摘不完。小朋友们,和 Max 一起去帮忙吧!

游戏任务:

帮小熊摘水果。

语言目标:

1. 说出苹果、梨、橙子、香蕉的英文名称。

2. 听懂"What do you like?"并在老师的提示下代入水果的英文单词,用句子"I like..."作出完整的回答。

游戏准备:

1. 小熊 Teddy 头饰 1 个,Max 的头饰 1 个。

2. 包装好的盒子 1 个(有一面留 1 个可伸进手的洞);苹果、梨、橙子、香蕉水果实物各 1 个或卡片各 1 张(放进盒子里);学过的水果小卡片若干张;上面分别标识有水果的篮子 4 个。

3. 白板 2 块(上面各画两棵树,水果小卡片用透明胶粘贴在水果树上,以能轻易取下为宜,每棵果树上水果卡片的数量可以按照班上孩子的数量进行准备)。

4. 游戏情景 PPT 图片 1 张,下一个游戏情景小卡片 1 张。

游戏玩法:

1. 教师导入游戏情景,由助教老师扮演 Teddy。

2. Teddy 把幼儿分成两组,两两依次比赛摘果。

3. 教师提问:"What do you like?"幼儿回答:"I like apples/bananas."

4. 教师请幼儿听指令采摘自己喜欢的水果,摘对水果并最先回到起点的幼儿胜出。

游戏过程:

1. 热身。

(1) 教师和小朋友们互相问候,拿出水果盒并摇动盒子,引起孩子的注意,让孩子猜猜盒子里面有什么水果。

T:What's in the box? Guess! (摇一摇)Oh, it smells good. (闻闻盒子里)

S:Apple/Pear/Banana/Orange.

T:Really? Can you take it out? (教师请个别孩子上前把其中一个水果掏出来)

S:Yes, I can.

(2) 孩子拿出水果后,教师展示给所有孩子看,一起确认苹果的名称。

T:Thank you! Children, is this an apple?

S:Yes.

T:Do you like apples?

S:Yes. I like apples. (教师引导孩子说句子)

T:What do you like?

S：I like apples. （在取出两个或两个以上的水果后，可以请个别孩子进行选择回答）

（3）请另一个小朋友拿出另外的水果，重复上面的步骤，直至所有的水果都取出来。

2. 游戏情景导入。

（1）这时小狗的叫声出现。

T：Who is it? Duggee! Max's Duggee! （教师做惊讶状）

（2）教师播放游戏情景图片 PPT，继续帮助 Max 寻找小狗。

T：Where's Duggee?

S：在花园里。/In the garden.

T：Yes. Maybe it's in the garden.

（3）助教老师装扮成 Teddy 在哭泣。Teddy 需要大家的帮助，帮他摘水果。

T：Who's crying?

S：Bear.

T：Oh，yes. Teddy Bear, what's the matter?

Teddy：I need help. Pick the fruits.

T：Children, can you help him?

S：Yes，I can.

T：Let's help Teddy!

T：What can we do?

Teddy：How about a race? Pick the fruits. （Teddy 做兴奋状）

T：But how?

3. 游戏规则讲解及示范。

（1）Teddy 手指做剪刀状，把小朋友们"剪"分成两组。

Teddy：Now，I'll cut you into two groups. Miss, you are in group 1，and I am in group 2.

Teddy：What do you like?

T：I like pears.

（2）一边讲规则一边做示范。

Teddy：Let's have a race. Begin here, go and pick the pear. Put them in the basket. I like apples. I'll pick the apple and put it in the apple basket. And then come back here. Are you ready?

T：Yes，I'm ready.

Teddy：Ready, set，go!

T：Yeah，I am the winner.

Teddy：Yes，you are the winner. Thank you for your help.

4. 游戏开始。

尝试游戏，教师负责组织，Teddy 可以拿铃鼓敲打烘托气氛。

T：Let's have a try! Tom, Lily, what do you like?

S：I like apples/bananas.

T：Stand here. Are you ready?

Ss：Yes，I'm ready.

T：Ready, set，go!

T：Who is the winner?

T：Yes，Tom is the winner.

Teddy：Thank you for your help. （分别给两个孩子拥抱）

5. 游戏结束。

Teddy：Bravo! You've done a good job! Sweet heart for everyone.

S：Thank you!

游戏注意事项：

1. 教师在进行每一对的竞赛结束后要和孩子确认结果，然后 Teddy 与两个孩子拥抱并说谢谢，小班的孩子比起竞争的结果，更在意游戏的参与过程和大人的鼓励和赞美。

2. 竞赛过程中，教师要组织好赛完的孩子和还没开始比赛的孩子进行加油。

3. 事先规划好开始的地方，注意两队的活动距离，避免在游戏过程中发生碰撞等安全问题。

你觉得幼儿在开心玩游戏的同时学习到了什么？根据下表的提示想一想吧。

训练的语言技能	练习的语言材料	其他领域能力

用附录的《教师引导游戏行为评价表(综合版)》，和同学们一起评一评吧。

实践任务：请替换游戏中的单词，并尝试模拟组织一下吧。

（提示：可用其他的水果单词或蔬菜单词替换。）

音频　　　　歌曲

Task 5　Duggee Is in the Castle

游戏情景：

小熊 Teddy 告诉 Max，Duggee 被果园对面的城堡主人带到了城堡里，但是城堡前有鳄鱼先生守着，只有动物才能进去。小朋友们扮演成动物，通过鳄鱼先生的检查，才能进入城堡救出 Duggee。

游戏任务：

扮演成动物，通过鳄鱼先生的检查，进入城堡，救出 Duggee。

语言目标：

听懂句子"Can you . . . ?"，能用"Yes，I can. "/"No，I can't. "做出回答。

游戏准备：

1. 鳄鱼头饰 1 个，平衡木 1 个或垫子当作桥。

2. 学过的小动物头饰或挂饰若干（根据孩子人数而定）。

3. 游戏图景 PPT。

游戏玩法：

1. 教师给幼儿分发头饰，幼儿扮演各种动物，带领幼儿复习动物名称和动作。

2. 教师导入游戏情景，由助教扮演鳄鱼先生。

3. 鳄鱼先生要测试看看小朋友们是不是真正的动物，才可以过河。教师提问："Monkey，monkey，can you jump?"所有戴着猴子头饰的幼儿边回答边起来做动作："Yes，yes，I can jump. "如果起来慢或者没回答，或不做动作，可能会被鳄鱼先生关起来。

4. 做完动作听鳄鱼先生指令回座位坐好。但是如果不能做出鳄鱼先生问的动作，又站起来做肯定的回答，也会有可能被抓去关起来。直到鳄鱼先生确认所有人都是"动物"，大家才可以过河。

活动过程：

1. 热身。

（1）老师和幼儿唱着儿歌"Walking，walking"进入教室。

T：Line up，please. Look，boys and girls. What am I doing？

T：I'm walking.（教师开始唱歌，带领幼儿走进教室）

T：Well done! Find your seat and sit down，please.

（2）复习语言材料。

教师分发动物头饰给幼儿，幼儿扮演各种动物，在教师带领下复习动作。

T：Andy，who are you？

S：Monkey.

T：Hello. I can jump/walk/run. Can you jump/walk/run？

S：Yes，I can.（注意引导孩子用完整的句子回答）

T：Show me，please.

2. 游戏情景导入。

教师引导孩子们观察游戏情景。

T：Look at the picture，please. Max comes to the riverside. Oh，a footprint! Whose footprint is it？

S：小狗的脚印。

T：Yes，it's Duggee's footprint. But where's Duggee？ Maybe it's on the other side of the river. Ah，there is a bridge. Let's go across the bridge.（教师边说边指着图中的相应地方）

S：鳄鱼! /Crocodile!（助教老师扮演鳄鱼先生出场）

T：A crocodile.（老师做害怕状，赶紧回座位坐好）

3. 游戏规则讲解及示范。

（1）助教老师扮演鳄鱼先生，主教老师戴上小狗的头饰，伪装成小狗，共同演示游戏规则。

T：Mr. Crocodile，can we go across the bridge？

T2：Who are you？（做凶猛状）

T：I'm a dog.

T2：Animals can go! Let me check! Dog，dog，can you swim？

（2）教师做害怕状，不敢回答或回答 No，和仅仅回答 Yes，鳄鱼先生都要把它吃掉，如果扮演的动物不能做该动作也不能用肯定方式回答，否则会被鳄鱼识破你的伪装，被鳄鱼吃掉。

T：Yes，yes，I can swim.（边回答边做动作）

T2：Dog，dog，can you fly？

S：No，I can't.（做肯定回答的幼儿会被鳄鱼关起来）

T2：OK，sit down.

4. 开始游戏。

鳄鱼先生要开始检查队伍了，看看里面是不是有假的动物，注意听鳄鱼先生的指令和问题。

（1）教师组织小朋友们坐好。

T2：Wow，so many animals. Monkey，bird，dog ... Listen to me!

T2：Bird，bird，stand up.（所有戴小鸟头饰的幼儿必须迅速站起来；没有戴小鸟头饰的幼儿站起来了，也会被关起来）

T2：Bird，bird，can you walk？

S：Yes，yes，I can walk.（戴小鸟头饰的幼儿开始走动）

T2：Bird，bird，can you swim？

S：No，I can't.（迅速回座位坐下）

T2：You are not a bird.（如果有幼儿回答 Yes，鳄鱼先生就上前把它抓住）

（2）助教老师重复变换各种动物问孩子。

5. 结束游戏。

T2：OK，all the animals，go across the bridge.

S：Goodbye！

游戏注意事项：

1. 小班幼儿在刚开始独立面对游戏时容易怯场或忘记规则，老师可以和小朋友在后面做些提示，鼓励幼儿勇敢地通过。

2. 小班幼儿更加注重的是游戏的参与过程，所以帮助每个孩子都能自己通过游戏，更加能让孩子从游戏中获得成就感。

3. 幼儿在过河后，教师注意组织幼儿给未过河的幼儿加油和鼓励。

4. 助教老师扮演鳄鱼先生提问的时候注意变化动词，让幼儿都能练习到用肯定和否定的方式作答。

你觉得幼儿在开心玩游戏的同时学习到了什么？根据下表的提示想一想吧。

训练的语言技能	练习的语言材料	其他领域能力

用附录的《教师引导游戏行为评价表（综合版）》，和同学们一起评一评吧。

实践任务：请替换游戏中的单词，并尝试模拟组织一下吧。

Level 2 Tour Around the City

Max 一家搬到了城里,住在城里的 Fancy 阿姨将带领着 Max 和幼儿园的小伙伴们进行一次"城市穿梭",体验城市生活。每成功完成一次任务,就能获得一枚"身份认证印章"。当集齐五枚"身份认证印章"后,就能到市政厅参加荣誉市民颁奖典礼,获得市长颁发的"荣誉小市民"勋章!

Task 1 At the Salad Bar

音频

游戏情景:

Fancy 阿姨将 Max 和小朋友们带到了 Salad Bar,在自助沙拉吧里,小朋友们扮演成各种各样的水果,蹦蹦跳跳一起玩游戏、做沙拉,完成任务的孩子可以获得"超级厨师"身份认证。

游戏任务:

做沙拉,获得"超级厨师"身份认证。

语言目标:

1. 听懂水果蔬菜单词 apple, banana, orange, pear,并做出正确的反应。
2. 句型练习:— What do you want?
          — I want some apples/bananas/oranges/pears.
          — Let's mix salad.

游戏准备:

1. 一顶厨师帽,可以贴在幼儿身上的水果图片或水果头饰若干张(每种水果图片至少 2 张)。
2. 装水果的篮子,每个小朋友一把小椅子。
3. 荣誉小市民手册每人 1 本。

游戏玩法:

1. 教师将水果图片粘贴在孩子衣服上,围成圆圈在椅子上坐好。
2. 教师和助教示范游戏规则,引导孩子提问站在中间的厨师:"What do you want?"
3. 教师扮演厨师,当听到"I want some apples",贴有苹果图片的小朋友要快速变换座位,没抢到座位的小朋友则站到中间当厨师。
4. 当听到厨师说"Let's mix salad",所有的小朋友都要快速变换座位,没抢到座位的小朋友则站到中间扮演厨师发指令。
5. 游戏结束后,Fancy 阿姨给每位小朋友盖上一枚"超级厨师"身份认证印章。

游戏过程:

1. 热身。

教师拿出装有 4 种不同水果卡片若干张的篮子,和孩子一起复习 4 种水果单词。

T：Wow，so many fruits．There are apples，bananas，oranges，pears … in my box．What do you want?

T2：I want an apple．（助教扮演 Fancy 阿姨回答教师问题）

S：I want an orange.

T：There you go．（教师将水果的图片或头饰粘贴在 Fancy 阿姨和孩子们衣服上）

2．游戏情景导入。

T：Hello，everyone．I'm the cook of the bar．（教师戴上厨师帽扮演厨师出场）

T：Let's make a circle to make salad together．Are you ready to have fun?（组织小朋友围成圆圈坐在小椅子上，告诉小朋友厨师今天要做沙拉）

S：Yeah!

3．游戏规则讲解。

（1）教师和助教一起示范游戏规则。

T：I need some fruits to mix the salad．Let me see what I have.

T：I've got an apple/an orange/a pear/a banana …

T：This time，Aunt Fancy becomes an apple …（将图片贴在助教身上，助教变成了图片上的水果，和孩子一起围圈而站）

T2&Ss：Hi，cook！What do you want?

T：I want some apples.

T：Who are apples?

T：Lily，Tom and Aunt Fancy are apples，so you should change seats quickly．Tom … Lily … Be quick!（教师一边引导贴有苹果的幼儿互换位置抢座位，一边去抢助教的座位，助教老师故意没抢到座位，站到中间扮演厨师）

T：Oh，Aunt Fancy，you are too slow．Now you are the cook.

T：Let's ask the cook together.

T&Ss：Hello，Cook！What do you want?

T2：Let's mix salad.

T：Mix salad！Everyone change your seats quickly．（当听到厨师说 Mix salad，所有的小朋友都要快速变换座位，没抢到座位的小朋友则站到中间扮演厨师发指令）

4．游戏开始。

T：Let's make a circle and sit down．（让小朋友围坐成一圈，厨师站中间，先引导小朋友们和厨师打招呼）

T&Ss：Hi，cook！What do you want?

S1：I want some pears．（站在中间的厨师下指令，贴有梨图案的幼儿互换位置，厨师去抢占其中一个幼儿的座位，没抢到座位的幼儿则站到中间扮演厨师发指令）

5．结束游戏。

T：Well done！Game is over．Each of you can get a medal of "Super Cook".

游戏结束后，Fancy 阿姨会在他们的荣誉小市民手册上盖上一枚"超级厨师"身份认证印章。

游戏注意事项：

1．该游戏规则较复杂，教师可先用中文在其他领域活动中开展，让幼儿熟悉游戏规则。

2．规则讲解时教师要和配班老师密切配合，尽量把规则演示清楚到位。

3．孩子抢占座位时要注意安全，以免在游戏过程中发生碰撞等安全问题。

 想一想

你觉得幼儿在开心玩游戏的同时学习到了什么？根据下表的提示想一想吧。

训练的语言技能	练习的语言材料	其他领域能力

用附录的《教师引导游戏行为评价表(综合版)》,和同学们一起评一评吧。

实践任务:请重新设计游戏,带领小朋友们进行不同的职业体验吧!

Task 2　At the Traffic Department

音频

游戏情景:

Max 和小伙伴们开始"城市穿梭"啦! 城里车水马龙,小朋友们千万要注意交通安全哦! 第二站,Fancy 阿姨带领大家来到了交通局。大家将要向交警叔叔学习如何指挥交通,能准确地做出基本交通指挥手势,顺利完成任务的小朋友将获得"小小交通警察"身份认证印章。

游戏任务:

体验交通警察职业,学会基本交通指挥手势和指挥语。

语言目标:

说出单词 red light，green light，stop，left，straight 以及简单的交通指令"Stop! Go straight! Turn left!"。

游戏准备:

1. 代表红灯、绿灯的塑料红绿卡牌各 1 个、交警帽子、口哨 1 个。

2. 荣誉小市民手册每人 1 本。

游戏玩法:

1. 教师带领幼儿向助教学习交通指挥手势。

2. 教师组织幼儿分成两组进行交通指挥 PK。

3. 游戏每轮由每组中出列一名幼儿参加 PK,教师发出指令,幼儿边说边做出相应的交通指挥手势。

4. 做得较快较好的幼儿所在的组能够得到 1 分。游戏结束后,得分最多的组胜出。

游戏过程:

1. 热身。

(1) 老师带领孩子们唱儿歌"Driving in My Bus"。

T：Hello，kids! Shall we take a bus to travel around the city today?

S：Good idea!

T：Great! Now please get on my bus. Here we go!

S：Yeah!

T：Driving in my bus，bumpity-bump...(教师做开车动作带领幼儿边唱歌边围着教室转圈)

(2) 复习语言材料。

助教戴着交警帽子,举起红灯卡牌,吹口哨,做"停止"手势。

T：Oh，look! What is this? (教师指着红灯卡牌问)

S：It's red light. (教师注意引导孩子用完整的句子回答)

T：Yes! What shall we do now?

S：Stop!

T：Red light，red light，stop—stop—stop! （教师边说边做"停止"手势）

S：Red light，red light，stop—stop—stop! （孩子们边说边跟着教师做动作）

T：Good job，kids! It's red light now. Let's stop and wait.

助教再次吹响口哨，举起绿灯卡牌，做"直行"手势。

T：Now look! What is this?

S：It's green light!

T：What shall we do now?

S：Go!

T：Yes. Green light，green light，go—go—go!

S：Green light，green light，go—go—go!

T：OK! Let's go!

2. 游戏情景导入。

助教第三次吹响口哨，举起红灯卡牌，做"停止"手势。

T2：Stop! Welcome to downtown，kids! Now you are at the Traffic Department. I'm Aunt Fancy. Today you are going to be little traffic police. Here are your task cards. （助教将任务卡交给教师）

T：Well，we are going to direct traffic with three gestures. Aunt Fancy will show us how to do them. Let's get ready!

S：OK!

3. 游戏规则讲解及示范。

（1）教师带领幼儿向助教 T2 学习交通指挥手势。

T2：Attention!

S：One two!

T2：Stand in three lines，please!

教师组织幼儿排成两行。

T2：We are going to learn three gestures. Let me show you first.

T2：Look at me. Stop! Go straight! Turn left! （助教边说边依次示范"停止""直行""左转"手势）
　　Now it's your turn. Follow me. Stop! （示意幼儿跟说跟做）

T&S：Stop! （教师带领幼儿跟说跟做，注意观察幼儿学习的效果，及时发现不足并给予纠正）

T2：Stop! Stop! Stop! （重复一遍）

T&S：Stop! Stop! Stop!

T2：Go straight! （助教边说边示范"直行"手势）
　　Now，follow me. Go straight! （示意幼儿跟说跟做）

T&S：Go straight!

…

（2）小小交警大 PK，看谁做得快又好。

T2：Now you've learnt three gestures to direct traffic. Are you a qualified traffic police? Let me check your work.

助教和教师共同示范游戏。

T2：Who will go first?

T：Let me try.

T2：OK! Come to the front，please. Listen carefully. Go straight!

T：Go straight! （教师边说边做出相应动作）

T2：Turn left!

T：Turn left!（教师边说边做出相应动作）

4. 开始游戏。

（1）教师把幼儿分成两组。

T2：Well done! Now it's your turn to play the game. Let's see who can do it better.

T：Line up，please! Stand in two lines.（教师组织幼儿排成两行，即分成两组）

（2）游戏每轮由每组中出列一名幼儿参加 PK，教师发出指令，幼儿边说边做出相应的交通指挥手势。

T：Now I say，you do and speak out the action you are doing. Aunt Fancy will see who can do it quicker and better.

T：We'd better take turns. Are you ready?（每次由每组轮流派出一名幼儿参加游戏）

Ss：Yes!

T：Group 1，Tom. Group 2，Andy. Please get ready. Turn left!（教师发出指令，助教注意观察幼儿的动作是否正确，尤其要注意观察幼儿是否边说边做，并且说得正确）

Tom＆Andy：Turn left.（两个幼儿边做手势边说指令）

T2：Who is better?

T2：Tom. And group 1 gets 1 point.（做得较快较好的幼儿所在的组能够得到 1 分）

T：Let's go on.（游戏依次进行，直到所有幼儿都玩过一遍）

……

5. 结束游戏。

对于能说出完整的指令语言并做出正确手势的孩子，Fancy 阿姨会在他们的荣誉小市民手册上盖一枚"小小交通警察"身份认证印章。

T：Let's see which group is the winner? Let's count the points together.

T：Group 2 gets 10 points，and group 1 gets 8 points. Group 2 is the winner. Congratulation!

T：Anyway，group 1，all of you know how to do now. I'm also proud of you，babies! You are a qualified traffic police now. Congratulations!

S：Thank you very much，Aunt Fancy!

T2：See you at the next stop of our trip!

S：See you!

游戏注意事项：

1. 集体学习交通指挥用语和手势时，教师带领幼儿跟说跟做，务必注意观察幼儿学习的效果，及时发现不足并给予纠正。

2. PK 游戏进行中，教师发出指令，助教要注意观察幼儿的动作是否正确，尤其要注意观察幼儿是否边说边做，并且说得正确。

3. 注意游戏开展时孩子之间的活动距离，避免在游戏过程中发生碰撞等安全问题。

你觉得幼儿在开心玩游戏的同时学习到了什么？根据下表的提示想一想吧。

训练的语言技能	练习的语言材料	其他领域能力

用附录的《教师引导游戏行为评价表(综合版)》,和同学们一起评一评吧。

实践任务:请重新设计游戏,带领小朋友们进行不同的职业体验吧。

Task 3　At the Shop

音频

游戏情景:

Max 和小伙伴们在 Fancy 阿姨的带领下来到了商店,Fancy 阿姨将带领小朋友体验售货员的工作任务。看谁能猜对购物清单上的商品价格,成为"超级售货员"。

游戏任务:

猜清单物品价格,获得"超级售货员"身份认证印章。

语言目标:

1. 听懂物品(礼物)名称及 10 以内数字的描述。

2. 用英语说出物品(礼物)名称及 10 以内的数字。

游戏准备:

1. 各式糖果、水果、书、T 恤、裙子、巧克力、饼干、游戏钱币及 10 以内数字的图片各 1 张(可以根据游戏阶段逐渐增加)。

2. 商店实景图 PPT,购物清单 PPT 1 张。

3. 颜色棒若干(颜色种类的数量按照分组的组数而定,每种颜色棒的数量按照小组组员人数而定)。

4. 荣誉小市民手册每人一本。

游戏玩法:

1. 教师准备各种物品及数字图片,通过主题游戏"Welcome to My Shop"复习所学词汇和数字。

2. 将幼儿分成人数相等的组。

3. 每组组员轮流上前抽取图片,猜图片中物品价格。

4. 物品图片面向猜价格的幼儿,价格面向组内其他成员,本组成员可以根据幼儿猜的价格进行提示,但是不允许说出数字。

5. 每组发 10 美元作为奖金,每个幼儿只能猜三次,三次内猜中价格,不扣钱,三次猜不中价格,扣 1 美元,轮到下一位幼儿进行游戏。最后剩下金额最多的组为胜,组员将获得"超级售货员"勋章,剩下的获得"售货员"勋章。

游戏过程:

1. 热身。

教师准备各种物品及数字图片,通过主题游戏"Welcome to My Shop"复习所学词汇和数字。

T:Hello,kids. This is Nancy's shop. I am the shopkeeper. There are many clothes and food.(播放商店 PPT,配班教师扮演店主的角色,用图片引导孩子们说出图片上物品的英语进行复习)

T:What is it?

S:Chocolate.

T:How much is it?(出示数字 2)

S:Two.

T:Yes,two dollars.

教师继续通过该活动复习相关的物品词和 10 以内的数字。

2. 游戏情景导入。

播放购物清单 PPT

T：Here's the shopping list. Now we will play the "Guessing Game". Guess how much are they? When you finish your task，you'll get the "Medal of Super Seller".

3．游戏规则解析与示范。

（1）分好小组。

T：Now，we will go shopping.

T：I have some color sticks here. You choose one stick.（教师准备了颜色棒，孩子们根据所选的卡片进行分组）

T：The kids who have red sticks are in Group Red. The ones who have yellow sticks are in Group Yellow ....（直至全班所有孩子分好组）

（2）教师示范。

T：Here's the shopping list. Nancy，how much is the chocolate? Nancy，you're in Group Red now.（由配班 Nancy 老师做示范给孩子们看）

Nancy：1 dollar.（Nancy 猜礼物的价格）

T：Up，up, up.（Nancy 猜的价格低于实际价格，教师给予提示："再高一些。"）

Nancy：2 dollars.

T：Yes，your money is safe.（教师找一个孩子做示范）

Ss：Let me try. Let me try.

T：Amy，come here，please. How much is the hat?

Amy：8 dollars.

T：Down，down，down.（Amy 猜的价格高于实际价格，教师引导孩子一起给予提示："再低一些。"）

Amy：5 dollars.

T：Down，down，down.

Amy：3 dollars.

T：Sorry. The price is 4 dollars. You are in Group Red, so your group loses 1 dollar.（教师计分）

4．开始游戏。

T：Now，let's play the game.（重新计分）

T：How much is the book?

Lily：2 dollars.

T：Up，up, up.

Lily：4 dollars.

T：Down，down，down.

Lily：3 dollars.

T：Yes.

5．结束游戏。

T：Let's see how many dollars you can get. Count together!

T：Group Yellow，1，2，3 ..... 8 dollars! Group Red gets 6 dollars!

T：So，Group Yellow，each of you can get 8 dollars and a medal of "Super Seller"（教师给黄组每人 8 元，并在荣誉小市民手册上盖"超级售货员"印章）

T：Group Red，each of you can get 6 dollars and a medal of "Super Seller"（教师给红组每人 6 元，并在荣誉小市民手册上盖"超级售货员"印章）

游戏注意事项：

1. 该游戏由于涉及礼物的表述及 10 以内的数字，需要在活动前进行反复操练。

2. 注意每样物品的价格不能超过幼儿已知的英文数字表述。

3. 如果有落单的幼儿，可以让他帮忙标价。

4. 如果有配班老师，可以两组同时进行。

 想一想

你觉得幼儿在开心玩游戏的同时学习到了什么？根据下表的提示想一想吧。

训练的语言技能	练习的语言材料	其他领域能力

 评一评

用附录的《教师引导游戏行为评价表（综合版）》，和同学们一起评一评吧。

 做一做

实践任务：请重新设计游戏，带领小朋友们进行不同的职业体验吧。

Task 4　At the Fashion Company

音频

游戏情景：

不同的天气要穿不同的衣物，不同身份的人也会有不同的穿搭哦！小朋友们跟着 Fancy 阿姨来到了一家服装设计公司。大家要在限定的时间之内给不同身份的娃娃穿上合适的服装，并带着盛装的娃娃们来一次"T 台秀"。顺利完成任务的小朋友，能获得 Fancy 阿姨的"小小服装设计师"身份认证印章。

游戏任务：

体验服装设计师职业，学会给不同身份的人搭配服装。

语言目标：

1. 说出表示衣物的单词 T-shirt，pants，shirt，socks，shoes，jacket，skirt，dress。

2. 句型练习：— What is ... wearing?

　　　　　　　— ... is wearing ....

游戏准备：

1. 代表爸爸、妈妈、男孩和女孩的娃娃各一个（娃娃们只穿内衣）。

2. 三至四组按照娃娃尺寸制作的纸质衣物，包括 T-shirt，pants，shirt，socks，shoes，jacket，skirt，dress。

3. 荣誉小市民手册每人一本。

游戏玩法：

1. 复习相关衣着单词。

2. 教师示范：根据对话内容 10 秒钟给玩偶穿衣服。

3. 教师给孩子进行游戏活动分组，并选定组长。

4. 小组成员向教师询问："What is grandpa/baby girl ... wearing?"根据教师的回答给玩偶穿衣服，穿正确计 1 分。

5. 组长带领组员拿着穿戴好衣物的娃娃进行 T 台秀。

游戏过程：

1. 热身。

（1）教师带领孩子们唱儿歌"This Is the Way We Get Dressed"。

（2）复习语言材料。

用准备好的衣物教具复习 T-shirt，pants，shirt，socks，shoes，jacket，skirt，dress。

歌曲

T：Just now we got dressed ourselves. What clothes did we put on in the song?

S：T-shirt，pants，shirt，socks，shoes and jacket.（教师边引导孩子回答，边展示相关衣物教具）

T：Good job，kids! There are more clothes here. Look，what is this?（教师展示余下的衣物教具）

S：It's a skirt.（注意引导孩子用完整的句子回答）

T：What are these?

S：They are socks.（注意引导孩子用完整的句子回答）

...

2. 游戏情景导入。

"城市穿梭"第三站，小朋友们跟着 Fancy 阿姨来到了一家服装设计公司。大家要在限定的时间之内给不同身份的娃娃穿上合适的服装，并带着盛装的娃娃们来一次"T 台秀"。顺利完成任务的小朋友，能获得 Fancy 阿姨的"小小服装设计师"身份认证印章。

T：Well，kids. Today we are going to visit a new place with Aunt Fancy. Aunt Fancy，Aunt Fancy，where are you?

助教扮演 Fancy 阿姨出场。

T2：Hello，kids! Nice to meet you again! Now let's go to the third stop of our trip! Are you ready?

S：Yes，I'm ready!

T：Great! Hurry up! Let's go with Aunt Fancy like a baby shark. "Baby shark/Mommy shark/Daddy shark/Grandma shark/Grandpa shark，doo，doo，doo，doo，doo，doo ..."（教师带领孩子们边唱儿歌"Baby Shark"边做鲨鱼游泳的动作快速地跟着助教移动）

歌曲

T2：Now stop! Welcome to the fashion company，kids. Today you are going to be little fashion designers. Here is your task card.（助教将任务卡交给教师）

T：Well，we are going to work in two groups to dress up some dolls. Each of you must do it in 10 seconds. Aunt Fancy will see which group will be the first one to finish the task.

Here are the dolls. Let's see who they are.（教师分别展示出爸爸、妈妈、男孩、女孩的娃娃，引导孩子们说出这些称谓的英文名称）

S：They are Daddy，Mommy，Baby boy and Baby girl.

T：Here are some clothes for you to dress the dolls up.（展示之前的衣物教具）

3. 游戏规则讲解及示范。

（1）教师和助教共同示范游戏。

T：You must ask me "What is Daddy/Baby girl wearing?" According to my answer，you may find out his/her clothes to dress him/her up in 10 seconds. Let's get started!

（2）助教走到教师桌前，教师发给助教一个"女孩"娃娃。

T2：What is Baby girl wearing?

T：Baby girl is wearing a skirt.

T2：Thank you!（从衣物中找出 skirt，10 秒之内给"女孩"穿上）

T2：Done!（完成后举手示意）

T：Good! You can do it correctly and quickly. You'll get 1 point.

4．开始游戏。

（1）分组。全班分成两大组。教师先选出 2 名组织能力较强的幼儿作小组长,由他们自由选择 7 名组员(根据本班人数而定)。

T：Tom and Andy,you are the leaders of your groups. Please go and choose 7 friends to be your group mates.

Ss：OK!

（2）各小组长确定组员的游戏顺序并组织组员按照先后顺序站好队。

（3）教师和助教各选择一组参与游戏。教师和助教前方各摆放一张桌子,桌子上分别准备好娃娃和衣物等教具。

（4）每轮游戏计时开始前,每位负责给娃娃穿衣的幼儿需先向教师或助教提问"What is ... wearing?"幼儿得到回答后,在 10 秒钟之内(可根据实际情况适当延长或缩短时间)轮流为娃娃穿上一件衣物,每次正确地穿上一件计 1 分,在规定时间内为娃娃穿上正确衣物并获得 8 分的组,组员们可以获得印章奖励。

Ss：What is Daddy/Mommy/Baby boy/Baby girl wearing?

T：Daddy is wearing a jacket. /Mommy is wearing a dress. /The Baby boy is wearing a T-shirt. /The Baby girl is wearing a skirt. Ready? Set,go!

T：You did it quickly and correctly. You'll get 1 point! Unfortunately,you've got the wrong clothes/didn't finish the job in 10 seconds. You'll get nothing. Take it easy. Come on!

（5）10 秒钟之后,由各组第二名成员进行游戏。幼儿依次向教师发问,教师逐一回答后再次发令,游戏继续。以此类推,直到各组为娃娃穿衣完毕。

T：All of you have finished the task. Give yourselves a little praise.

S：Wonderful,wonderful,hey,hey,super!

T 台秀：教师播放音乐,各组长拿着穿戴完整的娃娃带领组员轮流进行 T 台秀表演。

5．结束游戏。

为娃娃穿戴正确完整,完成 T 台秀表演者,Fancy 阿姨会在他们的荣誉小市民手册上盖一枚"小小服装设计师"身份认证印章。

T2：I'm so proud of you,my kids! You are little fashion designers now. Congratulations!

S：Thank you very much,Aunt Fancy!

T2：See you next time!

S：See you!

游戏注意事项：

1. 游戏过程中,教师一定要记住自己为娃娃们设计的形象,以便确定幼儿是否正确完成指令。

2. 活动末尾有 T 台秀,教师可以提前提醒幼儿游戏当天穿上自己最喜欢的衣服来园。

你觉得幼儿在开心玩游戏的同时学习到了什么? 根据下表的提示想一想吧。

训练的语言技能	练习的语言材料	其他领域能力

用附录的《教师引导游戏行为评价表(综合版)》,和同学们一起评一评吧。

实践任务:请重新设计游戏,带领小朋友们进行不同的职业体验吧。

Task 5　At the Weather Bureau

音频　　　　歌曲

游戏情景:

小朋友们每次在出发之前,一定别忘了关注天气哦!Fancy 阿姨带领大家来到了气象局,小朋友们将要 4 人一组绘制出本组的一周天气预报图表,小组成员轮流进行天气播报。顺利完成的小组,每位成员可以获得 Fancy 阿姨的"小小天气预报员"身份认证印章。

游戏任务:

能用正确的天气图形符号表示天气;体验天气预报员职业,大胆地进行天气预报。

语言目标:

1. 说出表示天气情况的形容词。

2. 熟练掌握"— What's the weather like today? — It's ..."句型;能用"It's cloudy today. It will be ... on Tuesday/Wednesday/Thursday/Friday."来进行天气预报。

游戏准备:

1. 天气现象图片若干,天气预报视频一份。

2. 一周天气预报大挂图片一张,表格版每小组一张。

3. 画笔每人一支,荣誉小市民手册每人一本。

游戏玩法:

1. 教师展示不同天气图片,复习语言材料。

2. 助教扮演 Aunt Fancy,与教师共同示范游戏。

3. 教师把幼儿分成 4 人一组。每组发一张"一周天气预报"表格,引导幼儿画出当天天气的图形符号。

4. 小组讨论,猜测未来 4 天天气情况,并在表格中用正确的天气图形符号画出猜测的结果。

5. 小组成员们依次在大家面前播报自己小组的"一周天气预报",每人播报一句。

6. 能做出完整表达的孩子,Aunt Fancy 在荣誉小市民手册上盖"小小天气预报员"身份认证。

游戏过程:

1. 热身。

(1) 老师带领孩子们边唱儿歌"What's the Weather Like Today?"边用肢体动作表示不同的天气。

(2) 复习语言材料。

教师展示不同天气图片,等待孩子做出正确回答后在黑板上画出相应的天气图形符号表示该天气特征。

T:Look,what's the weather like in the picture?

S:Sunny!

T:Yes,it's sunny.(注意引导孩子用完整的句子回答)

　　I can draw it like this ...(画出表示"晴"的天气图形符号)

T:What's the weather like today?

S:It's cloudy today.(注意引导孩子用完整的句子回答)

T:OK. Let's draw it on the board.

2. 游戏情景导入。

教师播放天气预报员进行本地一周天气预报的视频。

T：Look at the screen，please. What is the man in the video?

S：天气预报员。

T：Yes. He is a weatherman. He is broadcasting a weather forecast for the upcoming week.（教师边说边指着视频截图中用相关天气图形符号表示未来一周天气情况的图表）According to the chart, it's ... today. It will be ... on ....

Do you want to be a weatherboy or a weathergirl? Let's go to the Weather Bureau with Aunt Fancy!

3. 游戏规则讲解及示范。

（1）助教扮演 Aunt Fancy，与教师共同示范游戏。

T2：Hello，kids! Welcome to the Weather Bureau. You're going to give a local weather forecast for today and the next four days.

T：OK!

T2：Let's work out the weather forecast chart for the whole week first.（展示出一周天气预报表大挂图）

T：OK! Today is Monday. It's cloudy today.（在周一一栏下方画出表示"多云"的天气图形符号）

T2：It may be rainy on Tuesday.（在周二一栏下方画出表示"雨"的天气图形符号）

T：It may be ...（依次预测周三、周四、周五的天气）

（2）根据自制的一周天气图表轮流说出当天的天气情况和预测的未来4天的天气情况。

T2：We've got a Weather Forecast Chart for the whole week. Let's give a weather forecast in turns.

T：It's cloudy today. It will be rainy on Tuesday.（边说边用手指向图标中的天气图形符号）

T2：It's cloudy today. It will be sunny on Wednesday.

T：It's cloudy today. It will be windy on Thursday.

T2：It's cloudy today. It will be snowy on Friday.

T：That's the weather forecast you are going to do today. My little weatherboys and weathergirls，are you ready?

S：Yes，we are ready!

4. 开始游戏。

（1）教师给小朋友们分组，每组 4 人。

T：Now，I'd like to divide you into several groups. Four kids per group.

One hat，two hats，three hats，four.（用歌谣分组法分出 4 人）Five hats，six hats，seven hats，more.（又分出 4 人）（反复吟唱歌谣，直到分出所有小组）

（2）教师下发每组一张"一周天气预报"表格，每人一支画笔，引导孩子们画出表示当天天气的图形符号，并开始小组讨论、猜测未来 4 天的天气情况，然后在表格中用正确的天气图形符号画出猜测的结果。

T：You've got your "Weather Forecast Chart for the whole week". First，let's draw out the weather of today together.

Today is Monday. It's cloudy today. Please draw it like this.（边说边引导孩子们在表格中画出"阴天"的天气图形符号）Can you guess the weather of the coming four days? Please draw them out with your group mates.

（3）助教扮演 Aunt Fancy，请小组成员们依次在大家面前播报自己小组的"一周天气预报"，每人播报一句，用"It's cloudy today. It will be sunny on Tuesday/Wednesday/Thursday/Friday."来表达。

5. 结束游戏。

能做出完整表达的孩子,Aunt Fancy 会在他们的荣誉小市民手册上盖一枚"小小天气预报员"身份认证印章。

T2：You did a good job! You are a little weatherboy/weathergirl now. Congratulations!

S：Thank you very much，Aunt Fancy!

T2：See you at the next stop of our trip!

S：See you!

游戏注意事项：

1. 这个年龄段的幼儿可以初步尝试在小组制表过程中体验团队合作。

2. 游戏中由于关于天气的词汇和句型的多样性和复杂性,需要教师和家长在日常生活中根据实际情况经常重复,以巩固所学知识。

你觉得幼儿在开心玩游戏的同时学习到了什么？根据下表的提示想一想吧。

训练的语言技能	练习的语言材料	其他领域能力

用附录的《教师引导游戏行为评价表(综合版)》,和同学们一起评一评吧。

实践任务：请重新设计游戏,带领小朋友们进行不同的职业体验吧。

Level 3　An Adventure Journey to Hawaii

Max 和他的朋友们在 Peter 叔叔的带领下将前往夏威夷进行夏令营活动。为了顺利完成这次活动,小朋友们需要完成 Peter 叔叔布置的五个任务。下面请小朋友们接受 Peter 叔叔的任务卡吧!

Task 1　Prepare for the Trip

音频　　歌曲

游戏情景:

Max 和小朋友们要去夏威夷旅行了,Peter 叔叔给大家布置了收拾行李的任务卡,我们一起来看看任务卡的内容吧。

Peter 叔叔的任务卡:收拾行李。

具体内容:(1)各小组听 Peter 叔叔的指令画出需要收拾的行李清单;(2)根据画出的清单图片,放学后回家收拾相应日用品放到背包里,明天游戏时间背上背包到学校;(3)用英语告诉 Peter 叔叔所收拾的行李是什么;(4)Peter 叔叔根据各小组的行李清单进行检查,确认无错漏后,小朋友方可领取机票。注意:如果行李收拾不合格的小朋友将无法获得全程机票。

游戏任务:

通过完成收拾行李的任务获取通往夏威夷旅游的机票。

语言目标:

听懂并用英语说出涉及的日用品名称。

游戏准备:

1. 游泳衣、帽子、雨伞、太阳眼镜、照相机、拖鞋、大毛巾、T 恤图片各 1 张(可以根据学习内容改变或增减)。

2. 纸飞机 1 个、A3 纸若干张(根据小组数量确定)、每个小朋友 1 个背包(书包)、导游旗 1 面,机票若干张(根据孩子数量确定),彩笔若干支。

3. 任务卡 1 张(可用 PPT 展示,由于字数较多,应由教师详细解读)。

4. PPT 展示夏威夷地图 1 张、准备给各小组携带的物品图。

游戏玩法:

1. 教师向幼儿展示夏令营的目的地夏威夷。

2. 教师用抱团游戏组织幼儿进行分组并选出小组长。

3. 幼儿根据 Peter 叔叔的指令画出本组的行李物品清单。

4. 幼儿需熟记本组物品上的内容,回家收拾行李。

5. 教师扮演 Peter 叔叔的角色根据各小组的物品清单检查幼儿的背包,确认无遗漏即可获得

机票。

游戏过程：

1. 热身。

（1）用数字抱团的游戏进行分组。

教师组织孩子们唱儿歌"Fly，Fly，the Butterfly"，每次儿歌唱完即说一个数字，幼儿根据数字进行抱团，最后一次抱团即确定各小组成员。

T：Now，children，fly as butterflies．Fly，fly，the butterfly.（引导孩子像蝴蝶一样飞）

T：In the meadow，it's flying high.（带领孩子高高飞）

T：In the garden，it's flying low.（带领孩子低低飞）

T：Fly，fly，the butterfly．Three!（幼儿听到"3"的指令后即刻3人抱在一起）

教师重复儿歌。

T：Five.（幼儿听到"5"的指令后即刻5人抱在一起）

T：Well done! You 5 are in group 1/2/3/4/5．Now go and find your seat and sit down.

（2）复习语言材料。

教师出示各种日常用品图片，让孩子们复习。

T：Look，what's this?

S：Swimming suit.

T：Yes，it's a swimming suit.（根据复习的内容继续发问）

2. 游戏情景导入。

教师播放夏威夷地图PPT，引导孩子们观察游戏情景。

T：Look at the plane，please．The plane is flying．Look，where is it flying to?（把纸飞机在地图上从中国移动到夏威夷）

T：（展示夏威夷图片做简单介绍）This beautiful island is Hawaii．It's hot in Hawaii．People there enjoy the sunshine．There is beautiful sea and beach．People like to swim in the sea and play on the beach.

T：Do you like to go there? Now let's get ready.

T：I will act as a tourist guide to help you get to Hawaii.（教师戴上帽子，举起小旗扮演导游）

T：Hello，every one! I'm your guide Peter.（如果是女老师可以叫女性化的名字）

T：I'm glad to go to Hawaii with you．If you want to finish the tour happily，you need to finish some tasks.

3. 游戏规则讲解及示范。

（1）选出各组小组长。

T：Now，choose your head.

T：Lucy is the head of Group 1．David is the head of Group 2....（确定每个小组的组长）

（2）播放任务卡PPT，告诉幼儿游戏任务。

T：In Task 1，you have to pack your package according to your item list，and get the ticket to Hawaii.

4. 开始游戏。

（1）教师组织幼儿画出各组的行李清单。

T：Now the head of every group comes to take your paper.

T：Listen and draw what you hear．The first one．Group 1，sunglasses．Group 2，hat....The second one．Group 1，camera．Group 2，sunglasses....（每组5个日用品，每组可以不同，轮流发指令）

T：Now，look at the screen．Check the picture.（教师把每组需要带的物品图用PPT展示，请小朋友检查更正）

T：Great! Now，remember what you should take for your travelling.

（2）准备行李。

T：Kids，you need to pick up items that you drew in your backpack when you get home tonight.

T：Bring your backpack here tomorrow and tell me what you have picked.

（3）第二天检查行李。

T：Everyone，come here. Let me check your baggage.

T：Now，tell me what you have in your backpack.（教师根据需要携带的物品，对照小朋友带来的和说出的行李是否一致）

（4）发机票。

T：You have done a good job. Here is your ticket.

T：Oh，I'm sorry. You haven't got all in your baggage.

T：You couldn't tell correctly what you have brought. You cannot have your ticket. You can try tomorrow.

（给过关的小朋友发机票，鼓励没过关的小朋友第二天继续努力）

游戏注意事项：

1. 这个游戏由于日用品的复杂性和真实性，需要与家长沟通，回家进行部分活动，不能在一次课内完成。

2. 这个年龄段的孩子需要注重团体合作，在画图时可以分工；在回家收拾行李和学说英语时可以互相帮助。

3. 任务卡涉及复杂的游戏规则，可以用中文书写和讲解，确保每个孩子都清楚。

你觉得幼儿在开心玩游戏的同时学习到了什么？根据下表的提示想一想吧。

训练的语言技能	练习的语言材料	其他领域能力

用附录的《教师引导游戏行为评价表（综合版）》，和同学们一起评一评吧。

实践任务：设计不同的任务卡，带领小朋友们去体验更多的旅程吧。（提示：如过海关安检、订酒店、餐厅点菜等。）

Task 2　Find Your Apartment

音频　　　儿歌

游戏情景：

小朋友们拿到机票后，飞到夏威夷，今晚将在一家公寓酒店住宿。到达酒店的时候天已经黑了，这时酒店又停电了，怎么办呢？请按照 Peter 叔叔的任务卡去做吧！

Peter 叔叔的任务卡：到达公寓酒店后，各小组通过教师的描述找出属于自己组的公寓。由于天黑，又恰好停电，只能由持有手电筒的第一名队员带队，其他队员需要摸黑根据前方队员的指令前往自己的房间。中途不能走出道路外面，如走出道路外需重新从起点开始。先到达公寓的小组就可以先拿到钥

匙进公寓休息。

游戏任务：

找到通向各小组公寓的路径，并在规定时间内到达。

语言目标：

1. 听懂教师对环境和房间的描述。

2. 说出简单的行进指令并根据指令前进。

游戏准备：

1. 摆有不同家具的公寓图若干张。

2. 在操场中画出通往各小组公寓的曲折小径若干条。

3. 大任务卡 PPT 1 张。

4. 手电筒和眼罩若干个。

游戏玩法：

1. 教师给幼儿展示每间公寓的具体房间结构和家具摆设，每组幼儿根据教师给的提示确定本组的居住公寓。

2. 各组确定通向自己公寓的道路，并列队站好。

3. 给即将出发的每个幼儿蒙上眼睛，模拟天黑又无电的情景，被蒙眼的幼儿听本组持手电筒的幼儿指令前行到本组公寓，中途不能走出道路外面，如走出道路外需重新从起点开始。

4. 一个幼儿到达公寓后，给下一个幼儿指令前往公寓，先到达公寓的小组就可以先拿到钥匙进公寓休息。

游戏过程：

1. 热身。

(1) 教师组织幼儿唱儿歌"Left Hand，Right Hand"。

T：Now，children，put up your right hands. （引导幼儿举起右手）

T：Put up your left hands. （引导幼儿举起左手）

T：Let's play the chant game "Left Hand，Right Hand". （和幼儿一起边唱歌谣边做动作）

T：Well done!

(2) 复习语言材料。

教师带领幼儿到摆有家具模型的活动区域，复习家具名称。

T：Look，what's this?

S：Sofa.

T：Yes，it's a yellow sofa.

（继续复习其他家具名称）

2. 游戏情景导入。

教师引导幼儿了解游戏情景。

T：Now，we have arrived at the hotel of Hawaii. But if you want to get the key of your apartment，you have to finish Uncle Peter's task.

3. 游戏规则演示。

(1) 听一听，找一找。

T：First，listen and find your apartment. （展示所有房间结构和家具摆设不同的公寓图片）

T：Group 1，there are two rooms in your apartment. In the left room there are two big beds and three chairs. In the right room，there are three beds and a TV set. （请第一组小朋友辨认他们的公寓）

（继续描述其他组的公寓情况）

(2) 确认道路和公寓方位。

T：Kids，you can see five roads which lead to your apartment.（路径数量与小组数量一致）

T：Now，please make sure which road will lead to your apartment.（教师把公寓的图片放在各条道路的末端，请小朋友确认哪条路通到自己组的公寓）

T：Please stand at the starting point of the road.（各组小朋友站在通往自己公寓的道路开端）

（3）前行过程中的注意事项。

T：Put on an eye-shade. It's dark now. Listen to one of your partner's instructions，since only he or she can have a torch.（请除了拿手电筒的人外的其他人戴上眼罩）

T：Now，let's have a try. Go! Turn right! Turn left! Stop!（教师当领路人，其他人根据指令向前行）

T：Anyone who goes outside of the road has to go back and start from the beginning.（走出道路外面的人将重新开始）

T：Because the road is narrow，you have to go one by one. When the first one gets to the end，the second one may start.（一个一个前行，当前面的人到达终点后，下一个才能开始前行）

4. 开始游戏。

选出发指令的人并在起点排好队。

T：Please choose the one who can take the torch.（选人）

T：Come here and take your torch.（发手电筒）

T：OK. Now stand in a line one by one. The one with a torch stands first. Others put on your eye-shades.（排队并戴眼罩）

T：Are you ready? Go!

（可以根据幼儿水平设定时间，在规定时间内全组队员到达各自公寓的即算完成任务）

5. 结束游戏。

T：Congratulation! Group 3! All of you reached the apartment first. Key for you!

T：The other group，go，go，go.

游戏注意事项：

1. 可以根据游戏时间一个一个组或两个两个组同时完成，所有组同时完成会比较混乱。

2. 在前行过程中要帮助发指令的人发出正确的指令，同时注意犯规的队员必须从头再来。

3. 发指令的人不一定总是一个人。当第二个队员到达后可把手电筒交给他，让他发指令。

你觉得幼儿在开心玩游戏的同时学习到了什么？根据下表的提示想一想吧。

训练的语言技能	练习的语言材料	其他领域能力

用附录的《教师引导游戏行为评价表（综合版）》，和同学们一起评一评吧。

实践任务：设计不同的任务卡，带领小朋友们去体验更多的旅程吧。（提示：如过海关安检、订酒店、餐厅点菜等。）

音频　　　　　歌曲

Task 3　Go to the Beach

游戏情景：

孩子们在 Peter 叔叔的带领下，参观了夏威夷的著名景点，之后他们来到了夏威夷远近闻名的 Waikiki 海滩游玩，并在海滩上进行拓展竞技游戏。

游戏任务：

通过小组成员的指令传递顺利完成沙滩上的拓展活动。

语言目标：

看图用动词词组 swim across，climb up，jump in 进行简单组句表述。

游戏准备：

1. 大树、沙池、水坑、河流及高山的图片各 1 张（可以根据游戏阶段逐渐增加）。

2. 海滩全景图 1 张，导游旗 1 面。

3. 大任务卡 PPT 1 张，小组图片若干。

游戏玩法：

1. 教师组织幼儿复习相关动词词组和图片内容，并把表示地点的图片反扣放到一个篮子里。

2. 教师组织幼儿分成两组，游戏开始后，组中幼儿轮流上前抽取图片，根据图片内容，用动词词组连词成句。

3. 游戏时，幼儿抽取图片后，需说出完成的句子，并把图片放好，再回到组中与下一位幼儿击掌，下一位幼儿才能接力上前抽取图片造句。

4. 用时最短的小组获胜。

游戏过程：

1. 热身。

（1）教师组织幼儿唱儿歌"The Bear Went over the Mountain"，边唱边做热身游戏。

T：Look，our good friend，the little bear comes to play with us.（由配班教师扮演小熊，引领幼儿一起玩热身游戏）

T：OK，kids，sit down on the ground in pairs. Face to face.（教师让幼儿两两一组面对面坐在地上）

T：The kids on the left hand act the little bears，and the kids on the right hand act the mountains.（由两名教师做示范，左边的配班教师扮演小熊，右边的教师扮演高山，由此左边的幼儿扮演小熊，右边的幼儿扮演高山）

T：The little bears show me your fingers. OK，now let's sing the song and go up the mountains with our fingers.（扮演小熊的幼儿伸出手指，并跟随老师的示范边唱儿歌边用手指在扮演高山的幼儿身上爬，从腿部爬到头顶）

T：Well done! Today our good friend will take us to different places.（小熊引领孩子们去不同的地方，引出下面的动词和方位名词的复习）

（2）复习语言材料。

教师出示不同的地标图片，让幼儿在小熊的带领下用不同的动作到达这些地标。通过这个活动复习已学的动词和方位名词。（教师把这些图片摆放在地上）

T：What is it?（出示爬树的图片）

S：It is a tree.

T：Good. The little bear climbs up the tree.（扮演小熊的教师做爬树的动作）

T：OK. Who wants to be the little bear?

Ss：Let me try. Let me try.

T：Lily，come here. You are the little bear. What is it?

Lily：It is a river. Swim across the river.（让幼儿扮演小熊说出图片中的地标词，边说边做相应的动作）

教师继续通过该活动复习相关的动词和方位名词。

2．游戏情景导入。

教师引导幼儿观察游戏情景。

T：Well，I will show you a very beautiful picture.

T：What is it? It is Wakiki Beach in Hawaii. Now，we're on the beach and we're going to play games there.（展示海滩的全景引发幼儿的兴趣）

3．游戏规则演示。

（1）分好小组。

T：I have some colorful flowers here. You choose one flower.（教师准备了红黄两种小花，幼儿根据所选的小花进行分组，每组6—8人）

T：The kids who have red flowers are in Group 1. The ones who have yellow flowers are in Group 2 . . . .（直至全班所有孩子分好组）

（2）教师做示范。

T：Now，here are the pictures.（教师手指着放图片的篮子）Nancy，choose one card please.（Nancy是配班教师，由配班教师做示范给孩子们看）

Nancy：Sand pit. I jump in the sand pit.（Nancy边做动作边说句子）

T：Well done. Who wants to try? OK，Jim，come here.（教师选一名幼儿再做示范）

Jim：Bridge. I go across the bridge.

4．开始游戏。

T：Attention! No. 1，please get ready. 1，2，3 go!

S：Tree. I climb up the tree.（两个小组的第一个组员迅速上前抽取图片，展示图片并造句做动作，完成后，把图片放回篮子里，回到组中与下一个幼儿击掌，下一个幼儿接力上前继续游戏）

5．结束游戏。

T：Well done! Group 2 wins the game!（第二小组获胜）Group 1，cheer up!

游戏注意事项：

1．这个游戏由于涉及简单动作及方位的表述，需要幼儿在活动前在家进行反复操练，因此需要家长的配合。

2．幼儿抽取图片后，需说出完成的句子，并把图片放好，再回到组中与下一个幼儿击掌，下一个幼儿才能接力上前抽取图片造句。

3．在游戏中未能完成任务的小组，要多给予鼓励，在游戏后可以附加活动以增强孩子的自信。

4．游戏可以多玩几轮，以计分的方式来决定胜负。

你觉得幼儿在开心玩游戏的同时学习到了什么？根据下表的提示想一想吧。

训练的语言技能	练习的语言材料	其他领域能力

用附录的《教师引导游戏行为评价表（综合版）》，和同学们一起评一评吧。

实践任务：设计不同的任务卡，带领小朋友们去体验更多的旅程吧。（提示：如过海关安检、订酒店、餐厅点菜等。）

Task 4　Go Shopping

音频

游戏情景：

孩子们在夏威夷的最后一站就是给爸爸妈妈买礼物。由 Peter 叔叔转述爸爸妈妈喜欢的礼物。

Peter 叔叔的任务卡：分组按照购物清单到商店去购买礼物，最先买完购物清单上物品的组，将获得"购物达人"称号。

游戏任务：

通过完成购买礼物的任务获得"购物达人"称号。

语言目标：

1. 能说出 sunglasses，wallet，scarf，chocolate 等表示商品的单词。

2. 会使用句型进行对话：

　　— May I help you?

　　— Yes，please. I want a ...

　　— How much is it?

　　— ... Yuan，please.

游戏准备：

1. 购物清单 PPT（购物清单需准备 2 份，一份底色为浅红色，另一份底色为浅蓝色，在同一页 PPT 中展示），超市图片 PPT。

2. 骰子（dice）和购物棋盘（shopping chessboard），"购物达人"勋章若干，"帮帮侠"勋章若干。

游戏玩法：

1. 用歌谣分组法进行游戏分组，出示购物清单挂图和购物棋盘图 PPT。

2. 教师示范：红蓝两队通过猜拳游戏决定出率先掷骰子的一方。获胜方掷骰子、走购物棋盘。根据走到的格子中的商品图片是否与自己的购物清单相符合来进行不同的口语交际练习。

3. 幼儿进行游戏，直到买到购物清单上的所有商品。

4. 颁发游戏奖励，最先完成的一方能拿到"购物达人"勋章，另一方也能拿到"帮帮侠"勋章。

游戏过程：

1. 热身。

教师和小朋友们互相问候。

T：Hello，kids.

S：Hello，Fancy.

T：We come to the supermarket today. What would you like to do at the supermarket?

S：Shopping.

2. 游戏情景导入。

T：Look，Uncle Peter has the gift lists from your parents.（出示购物清单的图片）

T：You'll be divided into two teams，red team and blue team. Red list is for red team，and blue list is for blue team.

T：If you can finish shopping first，you can get a medal of "Super Shopper".

S：Yeah.

3. 游戏规则讲解及示范。

（1）游戏分组：用数来宝歌谣"Eeny，Meeny，Miny，Mo"将幼儿分成红队和蓝队，每组人数与购物清单上的物品数量一致。（本游戏讲解以 4 人小组为例）

T：Now，you will be divided into 2 groups by "Eeny，Meeny，Miny，Mo". Let's chant together.

S：Eeny，meeny，miny，mo.　　（教师点到 mo 的幼儿出列）

Catch a tiger by the toe.　　（教师点到 toe 的幼儿出列）

If he hollers，make him pay.　　（教师点到 pay 的幼儿出列）

Eeny，meeny，miny，mo　　（教师点到 mo 的幼儿出列）

（出列的幼儿组成红队，留下的幼儿组成蓝队）

（2）一边讲规则一边做示范。

出示购物清单挂图和购物棋盘图 PPT，主教老师 Fancy（执红色棋子）与助教老师 Nancy（执蓝色棋子）合作示范游戏。

F：I'm in Red Team.

N：I'm in Blue Team.

F&N：Paper，scissors，rock.（两人玩"石头剪刀布"，看谁先掷骰子）

F：I win. So I play the dice first.（红队先掷骰子）

F：Two! One，two.（红队掷到数字 2，于是走 2 格）

这时看格子里的图片是不是购物单上的商品，如果是红队的商品，蓝队的人自动充当售货员（shop assistant），红蓝两队进行对话练习。

N：Can I help you?

F：Yes，please. I want an ice cream. How much is it?

N：2 dollars.

F：Here you are. Thank you.

N：You're welcome.

蓝队的助教老师 Nancy 在红队已经完成的购物清单上打一个红色的√。

游戏继续进行，红队继续掷骰子。

F：Six. One，two，three，four，five，six.（红队掷到数字 6，走 6 格，这时看格子里的图片是不是购物单上的商品）

如果不是红队的商品，蓝队的人充当售货员，红蓝两队进行对话练习。

N：Can I help you?

F：No，thank you.

游戏继续进行，轮到蓝队助教老师 Nancy 掷骰子。

F：The game will go on，until you buy all the items on your shopping list. When you finish your task，please come to me and say "I've finished my task." And I'll give the winner a medal of "Super Shopper". And the team who lost the game will get a medal of "Super Helper".（获胜的一方能拿到"购物达人"勋章，另一方也能拿到"帮帮侠"勋章）

4. 游戏开始。

T：Let's try!

Ss：We're in Red Team.

Ss：We're in Blue Team.

T：Are you ready to have fun?

Ss：Yes，I'm ready.

T：Ready，set，go!

建议同组孩子轮流先后掷骰子，完成合作。

S：I've finished my task.（最后一项购物任务完成，获胜队伍的最后一个孩子跑到老师跟前，并将标注有√的购物清单交给 Fancy 老师）

T：The winner is Red Team. Congratulations!

5. 游戏结束。

Fancy 给获胜队的每个孩子 1 枚"购物达人"勋章，助教 Nancy 给另一队的每个孩子"帮帮侠"勋章。

游戏注意事项：

1. 游戏可以单组或两组同时进行，以便于教师和助教监控游戏过程。

2. 如果班级人数多，可设定多个购物种类，每组分配多个孩子进行活动，购物数量与每组孩子数量一致为宜。

3. 事先规划好开始的地方，注意两队的活动距离，避免在游戏过程中发生碰撞等安全问题。

4. 竞赛过程中，教师要组织好赛完的孩子和还没开始比赛的孩子进行游戏观摩。

你觉得幼儿在开心玩游戏的同时学习到了什么？根据下表的提示想一想吧。

训练的语言技能	练习的语言材料	其他领域能力

用附录的《教师引导游戏行为评价表(综合版)》，和同学们一起评一评吧。

实践任务：变换不同的旅游目的地，设计不同的任务卡，带领小朋友们去体验更多的各地文化吧。
（提示：如把目的地换成北京、巴黎、伦敦、纽约等。）

音频　　　歌曲

 **Find the Tickets**

游戏情景：

小朋友们度假结束，准备坐飞机返程了。要领取返程机票就得先完成 Peter 叔叔的任务。

Peter 叔叔的任务卡：到机场后，在限定时间内找得自己的同伴，否则将不能按时登机，因为机票在同伴手里。

游戏目标：

找到拿机票的人，拿到机票，按时登机返程。

语言目标：

1. 能听懂对人物长相和衣着的描述，认出被描述的人。

2. 能用英语描述人的长相和衣着。

游戏准备：

1. 老狼头饰 1 个。

2. 机票若干张分组放在各组颜色的小信封内，并提前粘贴于小朋友准备活动时就座的任意的小椅子背后。

游戏玩法：

1. 教师引导幼儿了解任务内容。

2. 教师把全班分 ABCD 4 组后，把各组的机票分别藏在各自组某个幼儿的后面，A 组机票藏在 A 组某个幼儿身后，如此类推。

3. A 组指派一名幼儿去观察 B 组的机票在 B 组的哪个幼儿身后。看到机票的幼儿用英语给 B 组幼儿描述该人的长相和衣着(不能透露姓名)，在规定时间内该组幼儿猜出持票人。

4. 请被猜到的幼儿到椅子后面把票拿出来，如果猜对则获得机票，如果该幼儿椅子后面没有东西，该组此轮将不能得到机票，等下一轮重新游戏。

5. 每组轮流游戏。

游戏过程：

1. 热身。

(1) 教师和幼儿一起唱儿歌"What Are You Wearing"。

T：What are you wearing today?

Sally：I'm wearing a red dress.

T：Sally is wearing a red dress，a red dress，a red dress all day long. (教师带领幼儿围绕 Sally 一起唱)

Peter：I'm wearing a green jacket.

T：Peter is wearing a green jacket all day long. (教师带领幼儿围绕 Peter 一起唱)

(继续根据 3—4 个幼儿的回答唱歌)

(2) 游戏 Where is my lamb?

(游戏提示：老狼饿了，它抓住了一只小羊羔，可是小羊羔又逃回了羊群(幼儿)之中，老狼发现了羊群，它向羊群描述这只羊羔的模样，幼儿听完描述之后，判断那只羊羔是否就是自己。如果是，在老狼说完"One，Two!"之后，立刻离开座位。老狼将吃掉那些①没有说完结束语"One，Two!"就起身的幼儿；②描述到了可没有及时起身的幼儿；③没有描述到却起身的幼儿)

老狼来了(戴头饰的老师)：

Wolf："I'm hungry!"

"Where is my lamb?"

"It has two eyes."

"It has two legs."

"It has one head."

"It's wearing a coat."

"It's wearing shoes."

"It's wearing socks."

(先描述大家共同的特征，再描述特别的东西，比如衣服的颜色、男孩或女孩)

"It's wearing a red coat."

"It's wearing black shoes and yellow socks."

…

"One，two!"

(老狼把违规的幼儿带走，剩下的幼儿为胜利者)

2. 游戏情景导入。

教师引导孩子们了解游戏情景，布置任务。

T：Now，we're going to say "Aloha" to Hawaii. (夏威夷语"再见")

T：Before we get on the board，we need to get our tickets. Where are the tickets? They are in an

envelope behind one of you.

3. 游戏规则讲解。

(1) 每组指派一名成员到另一组背后帮忙找出该小组的机票在哪位小朋友的椅背。

T：Each group needs to send one member to go to the back and find where your tickets are.

(2) 看到该组机票的小朋友用英语描述该人的长相和衣着(不能透露姓名),在规定时间内该组小朋友猜出持票人。

T：Then you have to guess out who has your tickets in 2 minutes. You cannot tell the name.

(3) 请被猜到的小朋友到椅子后面把票拿出来。如果该人椅子后没有东西或不是该组的票,则该组将重新游戏。

T：The one who is guessed out need to go to find the tickets. If you cannot find the tickets，you will fail the game. You have to wait for the chance in next round.

4. 开始游戏。

(1) 教师组织幼儿坐好,同时要防止幼儿偷偷观察椅子后面。

T：Sit straight! Don't look back. Are you ready to start?

S：Yes. We're ready!

T：Group Red，choose one member to find who has your tickets! (提示幼儿用一些点名游戏来选择,如"Eeny，Meeny，Miny，Mo")

(2) 分组按顺序派人去观察谁的椅背上有自己组的票,并在规定的时间内根据描述猜出是谁。

T：Please tell your group who has your tickets. Pay attention not to tell the name. You have two minutes. Go!

S1：She is a girl. She has big eyes and long hair. She is wearing . . .

S2：Tina.

(3) 请被猜到的小朋友到自己椅子背后拿票。

T：Tina，go and check if you have the tickets of your group.

T：Congratulations! You have found your tickets. Now you can get on the board. (对成功找到机票的组说)

T：Oh，no! There is no ticket. (The tickets are not yours.) You have to try again. (对猜错的组说)

5. 结束游戏。

T：All groups have got your tickets. Let's fly home!

游戏注意事项：

1. 老狼游戏前教师需确定要描述的对象;游戏中,老狼的眼光应均匀扫视每个幼儿,让所有幼儿都进入状态。

2. 主题游戏中要防止幼儿偷看自己的椅背。

3. 幼儿在描述中如果透露了名字将视为违规。

你觉得幼儿在开心玩游戏的同时学习到了什么? 根据下表的提示想一想吧。

训练的语言技能	练习的语言材料	其他领域能力

用附录的《教师引导游戏行为评价表(综合版)》,和同学们一起评一评吧。

实践任务:变换不同的旅游目的地,设计不同的任务卡,带领小朋友们去体验更多的各地文化吧。

(提示:如把目的地换成北京、巴黎、伦敦、纽约等。)

游戏集锦 》

在这个部分,你将看到更多幼儿英语游戏方式,尝试结合前面篇章的知识,将游戏归一归类,根据自己的活动目标挑选和应用这些游戏,在更多的实践中逐步掌握游戏设计和应用的技巧。

NO. 1   Getting on the Train

游戏任务：练习句型，教师邀请孩子上车，最后开成一列长火车。

语言目标：句型练习，认识彼此。如—What's your name? —I'm . . .

适合年龄段：所有年龄段。

游戏准备：火车头头饰一个（教师用）。

游戏玩法：

1. 教师充当火车头，开到一名幼儿面前，提问"What's your name?"

2. 幼儿回答"I'm . . ."

3. 教师跟孩子问好，并邀请孩子登上火车。"Hello! Please get on the train. "

4. 教师与幼儿一起开到其他幼儿面前，二人继续问问题，幼儿答对后上车。

5. 火车继续开，直至全班孩子都回答问题，形成一列长火车。

NO. 2   London Bridge Is Falling Down

游戏任务：用歌曲"London Bridge Is Falling Down"选人回答问题，进行句型练习。

语言目标：句型练习。如"What's your favorite food/sport . . . ?"

适合年龄段：4 岁以上。

游戏准备：音乐"London Bridge Is Falling Down"或幼儿会唱该歌曲。

游戏玩法：

1. 请二名幼儿面对面用手搭桥，全班幼儿一起边演唱歌曲"London Bridge Is Falling Down"。

2. 孩子们排队依次从"桥底"通过。

3. 当唱到"My fair lady"时，搭桥的两名幼儿把手放下，被捉住的幼儿需要回答问题。如"What's your favorite food/sport . . . ?"

4. 回答问题后的幼儿可以搭桥，游戏继续进行。

NO. 3   Treasure Hunt

游戏任务：在闪卡中找到教师指定的单词卡片。

语言目标：认识单词。

适合年龄段：所有年龄段。

游戏准备：单词闪卡若干（教师根据教学内容选定），如水果类、动物类、颜色类、动作类；奖品贴纸 stickers 若干。

游戏玩法：

1. 将闪卡散落在地上，并提问"Where is . . . ?"。

2. 幼儿根据教师提问寻找地上的单词卡片。

3. 最快找到的获胜，或者找到最多的获胜。给获胜的孩子发奖励粘纸。

NO. 4   What's Missing?（Ⅰ）

游戏任务：幼儿找出说漏的单词。

语言目标：单词练习。

适合年龄段：所有年龄段。

游戏准备：孩子已经熟悉单词，教师准备奖品贴纸若干。

游戏玩法：

1. 教师任意说出一连串的单词，如 dragon fruit, mango, pine apple, banana, water melon。

2. 教师重复刚才的词汇并故意遗漏掉一个单词，如 dragon fruit, mango, banana, water melon。

3. 教师给出游戏任务："What's missing?"

4. 孩子回答"pine apple"，教师给回答正确的孩子颁发奖励。

5.（游戏延伸）教师邀请回答又快又准的孩子做"小老师"提问全班幼儿。

NO. 5　What's Missing?（Ⅱ）

游戏任务：幼儿找出说漏的单词闪卡。

语言目标：单词练习。

适合年龄段：所有年龄段。

游戏准备：单词闪卡若干（教师根据教学内容选定），如水果类、动物类、颜色类、动作类；奖品贴纸 stickers 若干。

游戏玩法：

1. 教师出示闪卡，如 walk，jump，run，swim，fly。

2. 教师出示闪卡，并抽走一张，如 walk，jump，run，fly。

3. 教师给出游戏任务，What's missing?

4. 孩子回答 swim，教师给回答正确的孩子颁发奖励。

5.（游戏延伸）教师邀请回答又快又准的孩子做"小老师"出示闪卡做游戏。

NO. 6　Catching the Fish

游戏任务：用自制鱼竿钓闪卡，在规定时间内获取的闪卡多者获胜。

语言目标：单词练习。

适合年龄段：所有年龄段。

游戏准备：自制鱼竿（磁铁数个，拴上绳子绑在筷子上）、回形针数个别在闪卡上、计分板。

游戏玩法：

1. 将幼儿分成 2 组进行钓闪卡比赛。

2. 每组轮流派人上前听教师指令钓鱼"Catch the **Apple**，Please."，幼儿根据指令用自制鱼竿钓起闪卡。速度快的组获胜，计 1 分。

3. 游戏继续进行，最后得分高的组获胜。

注意事项：未参与的幼儿需在位置上重复说教师指定的单词。

NO. 7　Throwing Snowballs

游戏任务：根据教师提问，答对的幼儿将废纸团扔进纸篓。

语言目标：句型练习。

适合年龄段：4 岁以上。

游戏准备：揉成团的废纸若干，纸篓 2 个。

游戏玩法：

1. 请幼儿根据教师要求说句子或单词："What's the weather like today? /What day is today? … "

2. 幼儿回答教师提问："It's sunny/cloudy/rainy … It's Monday.… "

3. 回答正确的孩子可以得到雪球（一团废纸）作为奖励。

4. 幼儿将雪球（废纸团）丢入纸篓。

5. 游戏结束时，纸篓内"雪球"最多的组获胜。

注意事项：注意纸篓摆放的位置，尽量降低游戏难度，增加游戏乐趣。

NO. 8　Numbers Game（Ⅰ）

游戏任务：根据教师指令，找到对应数字的组员围成圆圈。

语言目标：认识 2—10 的英文数字。

适合年龄段：4 岁以上。

游戏准备：建议在室外或室内较空旷范围内进行游戏。

游戏玩法：

1. 教师发出指令"Let's make circles of 4."。（2,3,5,6,7,8,9,10 任意数字都可以）

2. 幼儿跑动起来，任意组合成为 4 人小组手拉手围成一个圆圈并坐下。

3. 没有找到伙伴的幼儿继续跑动起来寻找搭档围成圆圈坐下。

4. 最后没有成员组合的幼儿去数圈子的人数。

NO. 9　Numbers Game（Ⅱ）

游戏任务：根据老师指令，手拿教师指定数字的组员围成圆圈，其他数字的幼儿变成"木头人"。

语言目标：认识 2—10 的英文数字。

适合年龄段：4 岁以上。

游戏准备：写有 2—10 的数字闪卡若干。

游戏玩法：

1. 将数字闪卡随机分发给幼儿。

2. 教师发出指令："Group of 4 and other numbers get freeze."

3. 手拿数字 4 的孩子手拉手围成一个圆圈，代表其他单词的幼儿变成"木头人"（不能动）。

4. 没有正确围圆圈或没有按要求变成"木头人"的幼儿出局。

No. 10　Level Game

游戏任务：能找到正确的路通过并选择一张已学的单词卡，读出单词闯关成功。

语言目标：练习新学单词，复习已学单词。

适合年龄段：4 岁以上。

游戏准备：所学单词卡片。

游戏玩法：

1. 教师把新学单词贴在游戏板上，把游戏板铺成小路，把已学的若干张单词卡作为宝藏放在小路尽头。

2. 将幼儿分组。

3. 教师请第一组幼儿进行比赛，教师读一个新学单词，1 号幼儿根据教师读的单词找到正确的路，跑到路的尽头找到宝藏（一张已学单词卡），并读出单词，闯关成功。

4. 小组中的每个成员都完成相应的任务，整个小组才算通关成功。

5. 用时最少的小组获胜。

游戏注意事项：教师注意避免幼儿在通关时摔倒。

NO. 11　Musical Chairs

游戏任务：听教师指令"stop"后抢椅子，没抢到椅子的幼儿回答教师问题。

语言目标：单词练习或对话练习。

适合年龄段：4 岁以上。

游戏准备：将椅子围成一个圈（椅子数量应比幼儿数量少 1）

游戏玩法：

1. 幼儿听教师指令，围绕椅子进行跑、跳、单脚跳、爬等动作练习。

2. 当幼儿听到教师发出的"stop"指令后，马上找到椅子坐下。

3. 没有抢到椅子的幼儿需回答问题，若答错将停止游戏一次。

NO. 12　Hot Potato

游戏任务：回答教师问题并将"烫手山芋"抛给下一个幼儿。

语言目标：对话练习。

适合年龄段：5 岁以上。

游戏准备：软球或海洋球一个。

游戏玩法：

1. 教师任意说一个句子或问一个问题，如"What day is today?"并把球丢出去给其中一名幼儿。

2. 接到球的幼儿必须在限定时间内回答问题并问下一个问题。如"It's Monday. And what day is tomorrow?"

3. 把球丢给下一位幼儿，逾时则被判出局。

4. 游戏继续进行。

NO. 13　Ring Toss

游戏任务：幼儿分组游戏，将塑料圈投掷到听到的单词闪卡上得分。

语言目标：复习单词。

适合年龄段：4 岁以上。

游戏准备：红蓝两色塑料圈若干，单词闪卡若干（动物类、水果类、颜色类、职业类等）。

游戏玩法：

1. 教师将闪卡散落在地板上。

2. 教师将幼儿分成红蓝两组，并给两组幼儿分发红蓝塑料圈，请幼儿站在规定的地点。

3. 教师说出单词，如"dragonfly"，幼儿将塑料圈丢到教师念的闪卡上。

4. 幼儿必须正确念出闪卡上的单词"dragonfly"并得 1 分。

5. 红蓝两组幼儿一个一个上前进行接力投圈比赛，最后得分多的小组获胜。

NO. 14　Yes-No Seat

游戏任务：听教师陈述句并判断正误，找到 True 或 False 的椅子坐下得分。

语言目标：陈述句练习并判断 yes or no。

适合年龄段：4 岁以上。

游戏准备：两张椅子，闪卡（或是物品）。

游戏玩法：

1. 全班分成两组，将两张椅子放在台前，一张标示 true，一张标示 false。

2. 请 2 名幼儿看教师展示的物品并听题目，如教师拿着一个黄色的气球，说："The balloon is yellow."

3. 幼儿必须跑去 true 的椅子上坐下，速度快又答对的为该组赢得 1 分。

4. 注意教师的问题必须是陈述句的肯定句。

NO. 15　Stand Firm

游戏任务：回答教师问题，答错需要单脚站立，坚持站立到最后者胜出。

语言目标：对话练习。

适合年龄段：5 岁以上。

游戏准备：分组并选定代表。

游戏玩法：

1. 将全班分成两组，每组各派一个代表到讲台。

2. 教师问下面组员任意的英文问题,答对的组可要求答错的组代表单脚站立。

3. 继续答题,小组成员回答正确可以恢复双脚站立,若继续答错继续保持单脚站立。

4. 最后看哪一组代表可以坚持到最后胜出。

NO. 16　Guessing Color

游戏任务:猜猜老师手指上的小帽子是什么颜色。

语言目标:学说 red,yellow,blue,green,black 5 种颜色。

适合年龄段:所有年龄段。

游戏准备:用目标颜色的彩纸,做 5 顶可以戴在手指上的小帽子。可以多准备几套作为给幼儿的奖品。

游戏玩法:

1. 教师把手背在身后或用物品遮挡,然后任选一种颜色的小帽子戴在手指上。

2. 让幼儿猜测她戴的是哪种颜色的小帽子,然后出示给幼儿看。(也可以以极快的速度在幼儿面前晃一晃,再让幼儿猜)

3. 奖励猜中的幼儿一顶彩色小帽子。

NO. 17　Frozen Man

游戏任务:练习单词,根据指令做动作。

语言目标:单词练习。

适合年龄段:所有年龄段。

游戏准备:音乐。

游戏玩法:

1. 教师让全班幼儿站起来。

2. 教师播放一段音乐。

3. 在放音乐的同时,教师给幼儿一些动作指令(如"Shake your head","jump")当幼儿不注意时,教师可以突然喊"Freeze",幼儿必须立刻像是被冰冻一样迅速停止动作,如果还在动的就算出局。

注意事项:教师也可以在幼儿冷冻时随意问一些问题,要幼儿以冰冻的声音来回答,然后继续游戏。

NO. 18　Happy Fax

游戏任务:根据同伴的动作猜测图片的内容。

语言目标:会说 playing basketball,swimming,riding a bike,taking a picture,watching TV 等动作词组。

适合年龄段:4 岁以上。

游戏准备:相关动作图片以及计时器一个。

游戏玩法:

1. 将幼儿 3—4 人为一组分为若干组,并排好游戏的顺序。

2. 将每组幼儿编号,游戏时按顺序看图做动作。

3. 教师请第一组幼儿开始比赛,并开始计时。

4. 从图片中任意选一张背对该组幼儿,请该组 1 号幼儿过来看,该幼儿根据图片做动作,直到该组其他幼儿说出正确的图片内容,回去自己小组。

5. 该组 2 号幼儿看图做动作,其他幼儿说。轮流进行,直到规定的时间结束。计算该组得分。

6. 其他组轮流游戏。按照在规定时间内说出正确的图片的数量确定名次。

NO. 19　Who Is Speaking?

游戏任务:根据听到的声音猜是谁。

语言目标：能说出相关单词的名称。

适合年龄段：4 岁以上。

游戏准备：相关实物或图片。

游戏玩法：

1. 全体小朋友站成圆圈。

2. 通过选人游戏选出一名小朋友，蒙上该幼儿的眼睛让其站到圆圈中间。

3. 这个幼儿在原地转圈，然后随意用手一指。指到哪个小朋友，该小朋友就要站起来大声用英语说出教师出示的卡片内容。

4. 当指针的小朋友要根据声音来猜出单词的小朋友的名字，其余小朋友配合回答 YES 或 NO。猜对后换幼儿重新游戏。

NO. 20　Spinner Game

游戏任务：根据转盘指针指向说出单词，并按照该单词对应的数字获得分数。

语言目标：能说出相关单词的名称。

适合年龄段：4 岁以上。

游戏准备：有数字刻度的转盘及相关图片卡。

游戏玩法：

1. 将幼儿分为若干组，并排好游戏的顺序。

2. 将每组幼儿编号，游戏时按顺序转转盘和说单词。

3. 教师请第一组幼儿开始比赛，并开始计时。

4. 该组 1 号幼儿转转盘，2 号说单词；说对后由教师记分数；接着由 2 号转转盘，3 号说单词。时间结束时由教师计算该组总分。

5. 其他组轮流玩游戏。按总分高低确定名次。

NO. 21　Punch In

游戏任务：为动物打卡。

语言目标：听懂表示动物的单词。

适合年龄段：所有年龄段。

游戏准备：纸盒一个（打卡机），动物卡若干。

游戏玩法：

1. 每个幼儿拿一张动物卡。

2. 教师大声说出其中一个动物，拿该卡的幼儿在 5 秒内把该卡插入纸盒里。

3. 没有按时放入图片或放错的，即视为该动物没有按时上班打卡。

4. 可以打乱次序重新玩几遍。

NO. 22　Blind Man

游戏任务：蒙上眼睛，根据同伴的描述画人像。

语言目标：听懂并会说表示五官的单词 ear，eyes，mouth，nose 和 up，down，left，right 等简单的方位词。

适合年龄段：4 岁以上。

游戏准备：眼罩一个，白板或黑板，笔。

游戏玩法：

1. 将幼儿分为若干组，并排好游戏的顺序。

2. 每组选出一个蒙眼画画的幼儿。

3. 教师请第一组幼儿开始,并开始计时。

4. 选出的画画幼儿到白板前蒙眼,听本组幼儿的描述画画。时间到即停止。

5. 其他组轮流游戏。按画出图形的合理和美观性确定名次。

NO. 23 Correct Order

游戏任务:根据记忆排序。

语言目标:能听懂并说出相关单词的名称。

适合年龄段:4 岁以上。

游戏准备:将几组排好序的图片拍好照片放在手机里,图片若干,磁铁扣若干,白板。

游戏玩法:

1. 将幼儿分为若干组,并排好游戏的顺序。

2. 每组选出一个看排序的幼儿。

3. 教师请第一组幼儿开始,并开始计时。

4. 选出的幼儿到教师处看手机里的排序,几秒钟后,面向本组幼儿开始按顺序描述,期间不能再看手机的图片。本组幼儿根据听到的顺序把图片贴在白板上。

5. 时间到即停止。教师按手机图片进行检查,全对即为胜者。

6. 其他组轮流玩游戏。

NO. 24 Look For Pictures

游戏任务:根据听到的故事内容将相关的图片排序。

语言目标:听懂故事的相关内容。

适合年龄段:5 岁以上。

游戏准备:根据故事内容设计的图片(4—5 套),磁铁扣若干,白板。

游戏玩法:

1. 将幼儿分为 4—5 组,每组围坐在小桌子前。

2. 每组发一套图片。

3. 教师一边讲故事,各组同时进行图片顺序的摆放。

4. 故事结束后,各组停止排序。

5. 教师检查,全对即为胜者。

No. 25 Throwing the Ball

游戏任务:幼儿接球,并回答教师提出的问题。

语言目标:练习使用"What's you name?","I'm ..."以及学过的问候语。

适合年龄段:所有年龄段。

游戏准备:沙包或软球。

游戏玩法:

1. 幼儿在教师面前围成半圆,教师站在幼儿面前,背向幼儿抛球,球离手后转向面对幼儿。

2. 接到球的幼儿和教师进行对话。

3. 对话结束后,由他取代教师的位置,上前抛球继续游戏。

游戏注意事项:教师在开展游戏前要讲明游戏规则,避免抛球时出现幼儿哄抢的现象。

NO. 26 Circle Game

游戏任务:拿起并说出教师说的物品。

语言目标:听懂模仿说物品名称。

适合年龄段：所有年龄段。

游戏准备：根据游戏人数准备的实物或小卡片。

游戏玩法：

1. 老师将数张卡片或实物放在地上，围成圆形。

2. 请全班(如果人多可以分组)边唱歌"Walking，Walking"边绕着圆圈走。

3. 当教师说"stop"时，所有人停下来。教师说出一个物品的名称，站在对应物品前面的小朋友迅速将卡片或实物拾起来并说出其正确内容。说对了，游戏继续；说错了，该幼儿出局，其他人继续游戏。

4. 游戏反复进行，最后留下的幼儿为胜者。

5. 也可以像游戏"丢手绢"的玩法：幼儿围坐在一起，开始由教师悄悄拿一个物品，与幼儿一起一边唱歌一边转圈，在这个过程中偷偷把物品放在其中一个小朋友后面。当唱到"Stop"的时候，大家转头看身后是否有物品。如果有，就立刻拿起，说出正确的名称，并开始追教师。如果在教师跑到他的空位前捉到老师，则由教师继续放物品。如果没有抓到，就由他取代教师的位置，另外拿一个物品，继续游戏。如果没有正确说出物品名称则不能追赶。

No. 27　Body Language

游戏任务：通过身体动作的表达，猜出单词的意义并大声说出该单词。

语言目标：复习已学单词(也可用于短语)。

适合年龄段：4 岁以上。

游戏准备：教学单词卡片。

游戏玩法：

1. 教师在幼儿面前用身体动作表现一个单词，让幼儿猜测并用英语说出单词。

2. 教师请一名幼儿到面前，偷偷给幼儿看单词卡并让他用身体动作表现单词意义，让其他幼儿猜测并说出单词。

3. 将幼儿分成两个小组，排成两列。

4. 教师给每个组员发一张小单词卡，只能自己看到，不能给其他幼儿看到。第一组开始比赛，1 号幼儿做动作，2 号幼儿猜并说出单词，接着 2 号幼儿做动作，3 号幼儿说出单词，一直轮到最后一个幼儿完成活动。

5. 用时最少的小组获胜。

NO. 28　Magician

游戏任务：魔法师说出动物名称，小朋友被施魔法后扮演听到的动物。

语言目标：听懂动物名称和句型"I can see a . . ."。

适合年龄段：所有年龄段。

游戏准备：扮演魔法师用的衣服或面具。

游戏玩法：

1. 教师扮演魔法师出场，"变"出若干动物让小朋友说出"What's it?"，以此来复习动物的英文名称，为下面的游戏做铺垫。

2. 告诉小朋友下面魔法师要施"魔法"了，将把在场的每个人都变成动物。

3. 请小朋友静静地坐好或躺着。

4. 请带班老师做示范，魔法师指着带班老师说："Ma-ni-ma-ni-hong，I can see a bear."带班老师即刻站起来扮演 bear 走来走去，当魔法师再次说"Ma-ni-ma-ni-hong"时，就变回自己坐下或躺下。

5. 开始和小朋友玩游戏，直到每个小朋友都被施过"魔法"。

6. 游戏进行几次后可请小朋友扮演魔法师。

NO. 29　Shine a Light

游戏任务：看谁又快又准地把手电筒光照到相应的身体部位处。

语言目标：听懂表示身体部位名称的单词 head，shoulder，leg，arm，knee 等。

适合年龄段：所有年龄段。

游戏准备：手电筒 2 支。

游戏玩法：

1. 听教师的指令做出相应的动作，如"Touch your head."等。

2. 在黑板上画出两个大大的人的模型。

3. 每次选两个小朋友一起玩，黑板上的人分别是两个小朋友的影子。

4. 让两个小朋友手持手电筒，分别背对着自己的"影子"站在黑板前。

5. 听教师的口令："Shine on the ..."，两位选手迅速转身把手电筒光照到相应的身体部位处，看谁又快又准。

6. 慢的选手就得把自己影子上相应的部位擦去，谁的影子被擦完了就输了，换另外一个小朋友上场。

NO. 30　Small Worms

游戏任务：根据指令拼出毛毛虫身体，并画出毛毛虫爱吃的水果。

语言目标：听辨颜色和水果单词。

适合年龄段：所有年龄段。

游戏准备：4 种颜色的圆形图形若干张（4 个组的图形颜色数量相同）、画笔。

游戏玩法：

1. 用彩笔在一个圆上（毛毛虫脸）画出眼睛、嘴及写上数字代表组别，分别贴在墙上，注意隔开一定的距离。

2. 将幼儿分为 4 组，每组前放颜色数量相同的颜色圆形图片若干张。

3. 教师发指令"red"，幼儿找出颜色图形贴到毛毛虫相应的位置，直到贴完所有图形。幼儿贴完图形后跑回队伍后面。

4. 变换游戏玩法，教师发指令"red apple"，每列第一个幼儿跑到红色图前，在图形里画上苹果。

5. 继续游戏，直到完成所有任务。

6. 教师最后和幼儿一起检查完成情况。

NO. 31　Looking For Your Friend

游戏任务：听懂教师的口令做出相应的反应，找到好朋友。

语言目标：复习对话"Where are you?" "I'm here."。

适合年龄段：所有年龄段。

游戏准备：录音机，音乐"Looking for a Friend"。

游戏玩法：

1. 把幼儿分成两组，围成两圈。

2. 音乐播放后，全体一起跟唱，里圈和外圈的小朋友各向相反的方向走动。

3. 当音乐停后里圈和外圈的小朋友面对面，向前相互握手打招呼，"Hi，I'm ..."记住对方的名字，两人即成好朋友。

4. 听教师的口令，排整齐两排，一对对好朋友相对。

5. 教师发出口令："Turn back，and walk ten steps."

6. 小朋友按口令向后转与自己的好朋友相背，各走 10 步。

7. 停了之后,老师说:"Looking for your friend",所有的小朋友把双手放在背后,开始倒退走,一边后退,一边喊刚才相互握手的小朋友名字,如说:"Sandy,where are you?"听到自己名字的小朋友就回答:"Kate,I'm here."

8. 尽量喊声响亮,好让对方听到,但不能转过头,听到有人喊自己的名字,就倒退到发出声音的方向,直到两个好朋友都能背靠背,两个人的手连接在一起。

9. 连接最快的一组获胜。

NO. 32 Busy Animals

游戏任务:听懂教师的口令做出相应的反应,找到动物好朋友。

语言目标:复习一些表示身体部位的单词。

适合年龄段:所有年龄段。

游戏准备:各种动物的头饰,录音机。

游戏过程:

1. 给幼儿戴上各种动物头饰,将幼儿分成两组,围成内外两个大圈。

2. 播放儿歌"What do the animals do?"让孩子们一边走(一组按顺时针走动,一组按逆时针走动),一边模仿小动物 duck 的动作和声音。

3. 儿歌停,教师说出身体某一部分的名称,如"hand",让幼儿停下来,内外两圈的幼儿各自找邻近的幼儿做朋友,手牵手站到一起。

4. 继续播放儿歌,教师领着幼儿一边走一边模仿 elephant,butterfly,bee,hen 等其他小动物的动作和声音。

5. 儿歌停,教师说出身体其他部位如"arm",幼儿停下来,内外两圈的幼儿互相找到"新朋友",用胳膊轻轻触碰对方的胳膊。

NO. 33 Color Hitting

游戏任务:颜色对对碰,听指令找到相碰的颜色。

语言目标:听懂颜色名称,并大胆说出表示颜色的单词。

适合年龄段:所有年龄段。

游戏准备:各种颜色的圆形 20 个。

游戏玩法:

1. 逐一让幼儿挑选自己喜欢的颜色图形,并将颜色图形贴在胸前或挂在脖子上。

2. 教师发出指令:"Red hits yellow."贴着红色图形的幼儿必须找到贴着黄色图形的幼儿,背靠背站在一起。

3. 教师数数"One,two,three ..."数到 10 后,幼儿停下。由教师检查幼儿是否找对了颜色。

4. 变换一下游戏方式,教师数数"One,two,three ..."数到 10 后,孩子自由组合,找自己的朋友背靠背站好不动。

5. 教师向个别孩子提问对方的颜色。鼓励孩子大胆说出颜色的单词:"What color is it?""It's red/yellow ..."

NO. 34 Chicken Fight

游戏任务:比一比谁最快说出对方背后的单词名称。

语言目标:复习巩固所学单词。

适合年龄段:所有年龄段。

游戏准备:图片,回形针。

游戏玩法：

1. 所有幼儿在教室里围成一个大圈，选出 2 名幼儿参与游戏。

2. 2 名幼儿面对面站立，将图片用回形针分别别在 2 名幼儿背后。幼儿的双手必须始终放在背后。

3. 幼儿做对抗状并说"Ready，go"开始游戏。幼儿必须在规定的时间内尽量去看对方背后的单词。

4. 先知道答案的一方举手示意，答对为胜。

5. 注意不能让其他幼儿说出答案，幼儿双手始终放在背后并只能在围成的圈内活动。可以试着改变一些规则，如让幼儿单脚跳、双脚跳等。

NO. 35　Magic Box

游戏任务：摸一摸，猜猜是什么。

语言目标：学习提问"What's this?"并用"It's a ..."来回答。

适合年龄段：4 岁以上。

游戏准备：一只大布袋或一个一面有洞的大箱子，一些与学习有关的手偶、文具等，如铅笔、书、钢笔、书包，玩具猫、狗、鸟。

游戏玩法：

1. 把用于练习单词的各种物品放进布袋或纸箱。

2. 每次请一位幼儿上来，让他将手伸进布袋或纸箱摸一样东西，注意不要让他看见里面的物品，但可以让其他幼儿看见，以增加游戏的趣味性。

3. 老师或其他幼儿一起提问他："What's this?"伸手摸的同学根据触觉判断，用"It's a ..."来回答。

NO. 36　Jumping Tigers

游戏任务：说出物品名称，到达终点线。

语言目标：复习巩固所学单词。

适合年龄段：4 岁以上。

游戏准备：20 张单词图片，老虎头饰，画好的起点线和终点线。

游戏过程：

1. 选出 2 名幼儿参与游戏并戴上头饰。

2. 给每位幼儿一套图片，图片可以有所不同，但数量必须一致。

3. 教师发出指令"Ready，go"后，幼儿从起点线开始将图片一张连一张摆放在地上，图片必须相连。

4. 幼儿脚可以踏在图片上，同时必须说出该单词，先到达终点线的幼儿为胜。

5. 注意幼儿游戏时必须说出单词，没有说或者说错了都要退回前一张图片。图片必须一张接一张摆放。

NO. 37　Rolling the Snowball

游戏任务：后面的幼儿在前面的幼儿所说的词的基础上不断叠加，在叠加准确的基础上说更多的词。

语言目标：能说出学过的单词。

适合年龄段：4 岁以上。

游戏准备：无。

游戏玩法：

1. 将幼儿分为若干组，并排好游戏的顺序。

2. 教师请第一组幼儿开始，并开始计时。

3. 第一个幼儿说一个单词；第二个幼儿在后任意加上一个单词。然后依次进行。

4. 叠加错误的就从头开始；叠加正确，但自己说不出新词，也不能继续往下，计时时间到就结束。计算最后一位幼儿所说的单词数量。

5. 轮流进行。全部轮完后,可再次从第一组开始,反复进行。

6. 按照各组多次成绩总和确定名次。

NO. 38   Shopping in the Supermarket

游戏任务:去超市购物,在前一个物品的基础上叠加物品,看谁说得又多又准。

语言目标:能说出学过的单词。

适合年龄段:4 岁以上。

游戏准备:无。

游戏玩法:

1. 和幼儿一起复习 supermarket 中的物品英文名称:
   — What can we buy in the supermarket?
   — We can buy . . . in the supermarket.

2. 老师问第一个幼儿:"What are you going to buy in the supermarket?"

3. 老师引导幼儿回答:"I'm going to buy a pear in the supermarket."

4. 下一个幼儿重复这句话,并加上一种物品:"I'm going to buy a pear and a peach in the supermarket."

5. 让孩子们依次往下进行,重复前面孩子的话并增加一个新词:"I'm going to buy a pear, a peach and . . . in the supermarket."

6. 如果某个幼儿记不住那么多,大家可以一起帮他完成。

NO. 39   Balloon Game

游戏任务:在规定的时间内尽量将气球拍起而不落地。

语言目标:复习巩固所学水果单词。

适合年龄段:4 岁以上。

游戏准备:气球。

游戏玩法:

1. 把幼儿分好组(约 4—5 人一组),每组手拉手围成圈。

2. 给每个小组发一个气球,教师宣布开始后,幼儿在规定的时间内尽量将气球拍起而不落地。

3. 气球每次下落碰到孩子时,碰到气球的孩子必须说出一个表示水果的英语单词。

4. 以在规定时间内说出单词最多的一组为胜。

NO. 40   Who Is He/She?

游戏任务:让小朋友猜出是谁模仿动物叫声发出的声音。

语言目标:学习句型"Who is he/she?""He/She is . . . "。

适合年龄段:4 岁以上。

游戏准备:一块蒙眼睛的布;小动物头饰。

游戏玩法:

1. 给每个小朋友戴上一个动物的头饰。

2. 让小朋友围坐成一圈,选出一个小朋友坐在中间,用布蒙住他的眼睛。

3. 大家一起唱歌曲"Old Macdonald"。

4. 坐在中间的孩子可以在任何时候喊"Stop"。

5. 当说"Stop"后,老师要轻拍另一个孩子的头,这个孩子就要模仿她/他所扮演的动物的叫声,如,说:"Moo, moo, cow, moo, moo."

6. 这时,老师就问:"Who is he/she?"蒙着眼睛的孩子要猜出是谁发出的声音,并回答:"He/She

is . . ."

7. 猜出是谁就轮到谁到中间来猜。

NO. 41　Guess the Colors

游戏任务：猜出物品的颜色。

语言目标：练习句型"This is . . . What color is it? Please guess. ""Is it . . . ?"

适合年龄段：4 岁以上。

游戏准备：准备单词的图片，如：白色的飞机，红色的小汽车，黑色的鞋，绿色的上衣，粉红的花朵等。

游戏玩法：

1. 请一名幼儿到前面来猜，猜的幼儿面对其他小朋友站立。

2. 再请另一名幼儿上前站在他身后，抽出一张图片高举在手中并说："This is a plane/car. What color is it? Please guess. "

3. 猜的幼儿可以问全班："Is it red/black?"

4. 其他幼儿回答"Yes"或"No"，猜对后可以换另一名幼儿继续猜。

NO. 42　Guessing Ages

游戏任务：猜出人物的年龄。

语言目标：练习句型"Is she/he . . . ?"；年龄的英语表示 1—12。

适合年龄段：4 岁以上。

游戏准备：不同年龄的人物图片 Mike, Kate，背面写上表示该人物年龄的数字 1—12。

游戏玩法：

1. 由教师或一位小朋友出示一张图片，由每组的第一名孩子轮流猜，可以说："Is he/she twelve/eleven?"

2. 教师或出示图片的小朋友可以根据图片后面的数字作提示。如"She/He is older/younger than 4. "

3. 第一名孩子继续猜。哪个组的小朋友猜对了就给该组记 10 分，然后接着往下猜。第一排的孩子猜过后第二排接着猜。最后哪个组得分最多为优胜。

4. 这个游戏可以每一纵队为一组进行竞赛。

NO. 43　Now You're on My Side

游戏任务：猜出对方的卡片上的动物。

语言目标：巩固复习句型"Are you . . . ?""Yes, I am. /No, I'm not. "

适合年龄段：4 岁以上。

游戏准备：动物卡片（可用姓名卡片或著名人物的图片替换；至少每个幼儿有一张卡片，卡片不需要每张都不同）。

游戏玩法：

1. 贴每一种动物的图片在黑板上，以便幼儿能指出各种动物。

2. 发给每个幼儿一张卡片后，然后告诉幼儿一定不要给其他的同学看见你的卡片上的动物。

3. 把幼儿分为两队。两队必须面对面站好。（说明：如果人数多，可以抽一部分幼儿先参加。）

4. 用句型"Are you . . . ?"去问对方的队员，如对方答"Yes, I am. "就必须站在问的那一队。最后看哪队的人数多即为胜方。

NO. 44　Draw, Fold, and Pass

游戏任务：合作画一个人物，看哪组画得有创意。

语言目标：巩固复习句型"He's/She's got ...?"

适合年龄段：4岁以上。

游戏准备：A4纸；颜色笔。

游戏玩法：

1. 给每一组的幼儿一张A4纸，每个幼儿一盒颜色笔。

2. 先示范如何画，然后告诉幼儿，先画一个头，然后传给后面的幼儿，一人画一个部分，合作画一个人物。

3. 把完成的图画，让幼儿用"He's/She's got ...?"去描述。看哪组画得有创意，并且描述得准确。

NO. 45　Badminton Toss

游戏任务：幼儿边投球边用英语数数，看哪组投得最多。

语言目标：学习how many的用法并复习数字one to ten。

适合年龄段：4岁以上。

游戏准备：塑料圈、细绳、羽毛球。

游戏玩法：

1. 把塑料圈用细绳绑在树上或晾衣绳上使之成为固定靶子。

2. 画出投掷线，将幼儿分为两组进行竞赛。幼儿必须边投掷边用英语数数，投掷到塑料圈内得1分。

3. 分组进行游戏，每组幼儿轮流投掷。在规定时间内投掷进球多的一组胜出游戏。

4. 教师提问："How many badmintons?"帮助检查游戏结果。

5. 游戏时幼儿必须边投掷边用英语数数。也可以让其他幼儿一起数数。

6. 幼儿轮流投掷，已经投掷过的幼儿可以排在后面继续进行游戏。

NO. 46　Apple Sit

游戏任务：听到教师指令，做相应的动作。

语言目标：复习所学水果单词和动词。

适合年龄段：所有年龄段。

游戏准备：音乐素材，水果头饰。

游戏玩法：

1. 教师将全班幼儿按水果分成4组。

2. 教师和幼儿围成一个圈，老师站在圈中心。

3. 教师和幼儿随着儿歌的音乐自由做动作。

4. 教师喊"Stop"音乐停止，教师说"Apple sit"戴有apple头饰的幼儿就要蹲下来，其他幼儿不能动。

5. 下一轮，当音乐停止，教师说"Banana jump"戴有banana头饰的幼儿就要做跳跃的动作，其他幼儿不能动。

6. 教师将所学的水果词汇和动作词汇复习过后，可以请一个幼儿充当小老师将游戏再玩一次。

游戏注意事项：教师在做游戏前复习所学的水果单词和动词，以确保顺利开展游戏。

NO. 47　Good Friends

游戏任务：幼儿能根据同伴做的动作猜出卡片上的动词。

语言目标：复习所学单词、短语。

适合年龄段：4岁以上。

游戏准备：单词卡片。

游戏玩法：

1. 教师根据幼儿水果卡片的选择将全班分成 apple 和 banana 两个小组。

2. 两组分别通过儿歌的形式选出两名幼儿，分别背对教师坐。

3. 教师（两个小组各有一名老师）手持卡片，不断更换卡片内容，两个小组其余幼儿根据卡片内容做相应动作。

4. 坐在椅子上的幼儿根据小组同伴的动作猜单词。

5. 在规定时间内，哪个小组猜的单词多，哪个小组就获胜。

NO. 48　Mix Salad

游戏任务：幼儿扮演各种水果和厨师一起拌沙拉。

语言目标：练习对话"Would you put some potatoes in the salad?" "Yes，I would."

适合年龄段：4 岁以上。

游戏准备：

1. 一顶厨师帽，可以贴在幼儿身上的水果或蔬菜的图片。

2. 用来装水果或蔬菜图片的布袋或箱子。

游戏玩法：

1. 教师事先挑选出来要用来做游戏的水果或蔬菜图片若干张，确保每个小朋友能有一张。

2. 教师扮演厨师出场，告诉小朋友厨师今天要做一道沙拉，需要一些原料，每人将从箱子或布袋里抽出一张卡片，告诉厨师图片上显示的是什么，然后小朋友就要变成图片上的内容。

3. 让小朋友围坐成一圈，厨师站中间，先引导小朋友和厨师打招呼：

— Hi, cook, I'm potato.

— Hi，potato.

4. 然后让每一个小朋友与厨师对答：

— Cook，would you put some potatoes in the salad?

— Yes，I would.

5. 让扮演 potato 的孩子站到圈里，站在厨师旁。

6. 直到所有孩子都站在中间后，厨师说："Mix salad."所有孩子都一起上下跳窜。

7. 厨师说："It's time to eat salad."孩子们迅速回到座位上，否则将被厨师抓住，吃掉。

8. 游戏反复玩儿遍后，可选一个小朋友扮演厨师，教师在旁帮助。

NO. 49　The Eagle Catches the Chickens

游戏任务：扮演 eagle 的幼儿听到老师说出任何一只 chicken 背后的单词，并能快速抓到这只 chicken。

语言目标：复习所学单词。

适合年龄段：所有年龄段。

游戏准备：单词卡片，老鹰和母鸡头饰。

游戏玩法：

1. 教师请一些幼儿在前面站成一排（选一个幼儿做 eagle，再选一个幼儿做 mummy，其他幼儿跟在 mummy 后面做 chicken，eagle 和 mummy 每一轮都要更换其他幼儿）。

2. 教师说出其中任何一只 chicken 背上的单词，eagle 就要迅速地抓住那只 chicken，mummy 要尽全力保护好 chicken。

3. 如果 chicken 被 eagle 抓住，这只 chicken 就做 eagle，而 eagle 改做 mummy，mummy 则改做 chicken（教师可以根据班上幼儿的情况来安排）。

4. 最后一个没被抓住的幼儿即为胜利者，教师给胜利的幼儿奖励。

游戏注意事项：教师要提醒幼儿控制节奏,避免幼儿在追逐时情绪过激发生摔倒、碰撞的现象。

NO. 50 Pass the Words

游戏任务：拿到卡片盒子的幼儿,要抽出一张卡片并读出卡片上的单词。

语言目标：复习所学的单词。

适合年龄段：所有年龄段。

游戏准备：单词卡片,一个盒子。

游戏玩法：

1. 教师和幼儿围坐成一个圈。

2. 教师带领幼儿一起边拍手边喊指令"passing down,passing down,passing,passing down",同时传递装单词卡片的盒子。

3. 教师喊"stop",盒子在谁的手上,谁就抽取其中的一张卡片并读出卡片上的单词。

4. 说错的幼儿罚唱教师指定的英语儿歌。

5. 游戏反复进行。

游戏注意事项：教师把控指令的节奏,由慢及快,让全班幼儿都跟上指令。

附录 1 游戏组织用语

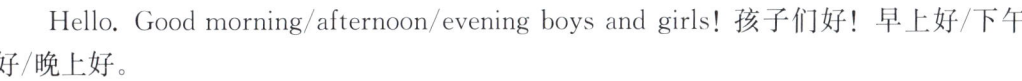 **1. Greetings and Warming Up 问候与热身**

音频

Hello. Good morning/afternoon/evening boys and girls! 孩子们好！早上好/下午好/晚上好。

Nice to meet/see you! 见到你很高兴！

Nice to meet/see you，too. 我也是！

How are you? 你好吗？

Fine/I'm fine/Not bad/Not very well/I'm OK，thank you. And you? 很好/我很好/不错/不太好/还行，谢谢。你呢？

How's everyone doing today? 大家好吗？

Not bad. /Fine. /Good. 不错/很好。

How's it going today? 今天过得怎么样？

Very well. /Not so good. /It's bad. I'm ill. 非常好。/不太好。/很糟。我病了。

It's a fine day，isn't it? 今天天气很好，是吗？

 **2. Starting a Game 游戏开始**

音频

Let's play! 我们来玩吧！

Game time! 游戏时间！

Let's play a new game! 我们来玩个新游戏！

Now，we'll play a guessing game. 现在，我们要玩个猜谜游戏。

This is a game with colors/numbers. 这是一个颜色/数字游戏。

Who wants to play a game? 谁想玩游戏？

This game is called "Bingo". 这个游戏叫做"宾果"。

What about a game of "Simon Says"? 来玩"西蒙说"这个游戏怎么样？

For this game we have to blindfold somebody. 玩这个游戏，我们要蒙上一个人的眼睛。

 **3. Setting Examples 规则示范**

音频

Look at me! 看我！

Listen to me! 听我说！

Listen. Let me tell you how to play the game. 听好了。让我来告诉你们怎么玩这个游戏。

I'll show you first. 我会先示范给你们看。

Are you clear? 都清楚了吗？

I'll start first. 我先开始。

Who wants to help me? 谁想帮我?

I need a helper. 我需要一个小帮手。

Let me try! 让我试试看!

Could you come to the front? 你可以到前面来吗?

4. During the Game 游戏过程

音频

Are you ready? 准备好了吗?

Are you ready for the game? 你们准备好要玩游戏了吗?

Begin! 开始!

Now，start! 现在,开始!

Let's get started. 我们开始吧。

Ready，go! 预备,开始!

Please stand in a line. 请站成一排。

Let's have a race. 我们来比赛一下。

Let's see who the best is. 我们来看看谁做得最好。

It's your turn. 轮到你了。

Are you clear? 都清楚了吗?

Take care. 注意。

Be careful. 小心。

Follow me. 跟我唱/说/做。

All together, please. 大家一起来。

Let's sing it/say it/do it together. 大家一起唱/说/做。

What color is it? 这是什么颜色?

It's red/yellow/green. 红/黄/绿。

Do you understand? 你明白吗?

You are right. 你是对的。

Let's draw a picture. 让我们画一幅画。

Let's look at the picture/blackboard. 让我们看这幅画/黑板。

Color the picture. Color the car/dog red/blue/green/yellow. 给这幅图画上色。把这辆汽车/狗涂成红色/蓝色/绿色/黄色。

Music is up. 音乐响起来了。

Let's listen to the music/song/sound. 让我们听音乐/歌曲/声音。

Can you hear it? Louder please. 你能听见吗?请大声一点。

Can you see it? 你能看见吗?

What's this/that? 这/那是什么?

It's a dog/a car/a tree/the moon. 是一条狗/一辆车/一棵树/月亮。

Let's move on! 我们继续吧!

Let's continue! 我们继续吧!

Stop when I say stop! 当我喊停的时候就停。

Stop when the music stops! 当音乐声停止的时候就停。

One minute. Ready? Go! 计时一分钟。准备好了吗?开始!

Have you finished? 你们完成了吗?

5. Grouping 分组

Do it by yourself. 自己做。

Find a partner. 找一个同伴。

Please find a partner and play the game with him. 找一个伙伴一起玩游戏。

Work with your partner. 跟你的同伴一起做。

You two work together. 你们两个一起做。

Work in groups. 分组做。

Three people in one group. 3 个人一组。

Let's divide into two teams. 我们分成两组吧。

Work in groups of four. 4 个人一组。

Which team are you in? 你在哪一组？

I'm in group apple. 我是苹果组。

音频

6. Ending a Game 结束游戏

Ok. Let's stop. 好，我们停下来。

The game is over. 游戏结束了。

Let's have a break. 让我们休息一会儿。

That's all for today. 今天就到这。

Let's see who wins. 我们看是谁赢了。

Let's count how many points. 我们来算算得了几分。

How many points do you have? 你们得了几分？

Two points for Group 1. 第一组得了 2 分。

The winner is Group 2. 赢的组是第 2 组。

Let's get our toys in. Let's go back to our classroom. 让我们把玩具放好，回教室去。

Ok，everybody，I'll see you next time. 好，大家下次见。

Let's sing "Good-bye" song together. 让我们一起唱"再见"歌。

See you later. 再见。

See you next time. 下回见。

音频

7. Encouraging 加油鼓励

Good/Great/Nice/Wonderful/Super! 很好！

Well done! /Good job! 很好！

You did a great job! 你做得很好！

Team A is the winner. Good job! A 组赢了，做得好！

Congratulations! 恭喜！

Three stamps for each team. 每组盖 3 个章。

You can do it. 你能行。

That's a good boy/girl. 真是好孩子。

Let's clap hands for Tom. 让我们为汤姆鼓掌。

Try it again. 再来一次。

音频

Keep on trying. 再试一次。

Come on，kids. 加油，孩子们。

You are so clever/brave! /How clever/brave you are! 你真聪明/勇敢啊！

Don't cry. 别哭。

Don't be sad. 别难过。

Don't feel bad. You will win next time. 别难过，下一次你会赢的。

附录 2 教师引导幼儿游戏行为评价表（综合版）

项目	观测事项	操作细节	模拟小朋友的反馈	旁观同学的反馈	自我评价
游戏热身	内容	与游戏练习语言内容相关,能唤醒幼儿相关经验			
	方式	有趣、能引起绝大部分幼儿的注意			
游戏分组	分组	幼儿能从教师的分组方式中很快清楚自己所属的组别			
	组名	名字易记			
	竞争加油	有加油过程,能振奋队员			
	队形	队形易于开展竞争游戏,便于幼儿观察游戏过程			
	站位	易于开展游戏,便于幼儿观察游戏进展			
	计分方式	清楚、有趣			
教具	大小	能让幼儿看得清楚,在游戏中便于快速辨认			
	摆放位置	距离合适,便于幼儿观察、辨认			
	出示、分发的时间	合理,有利于游戏开展			
	出示的方式	动作、表情和出示内容配合得当			
教态	站姿	大方自信,腰背挺直自然			
	站的位置	始终便于观察活动过程全场情况			
	肢体示范	动作到位、美观、符合游戏情景需要			
	肢体回应	对幼儿做出的反应回应及时、多样			
	眼神交流	回应及时,和所有孩子都有交流			
	笑容	亲切			
语言	组织用语	简单、明了、准确			
	声音	响亮、有活力			
	动作和话语	搭配得当			
	语气	亲切自然			
	衔接与过渡	无冷场,流畅、自然、承上启下			
	对孩子的回答	语言回应及时、鼓励方式丰富			
改进建议记录					

(自测表评价满分为 5 分,评价者根据演示者的具体操作进行评价。)

参考文献

1. [美]哈维·席尔瓦(Harvey F. Silver)等著.多元智能与学习风格[M].张玲译.北京：教育科学出版社,2003

2. 刘焱.儿童游戏通论[M].北京：北京师范大学出版社,2004

3. 高雅.多元智能模式在游戏教学中培养幼儿英语兴趣的研究[D].青海师范大学,2014

4. 李园园.教育游戏在幼儿英语教学中的应用[D].河南大学.2011

5. 高敬.幼儿英语教育[M].上海：华东师范大学出版社,2007

6. 刘莹.幼儿园英语教学游戏研究[D].河北大学,2011

7. 《幼儿英语教育活动指导》编写组.幼儿英语教育活动指导[M].上海：复旦大学出版社,2012

8. 柯比(W·C·Kirby)著.学习力——哈佛大学对学习能力问题的最终解决方案[M].金粒编译.海口：南方出版社,2005

9. 朱纯.外语教学心理学[M].上海：上海外语教育出版社,2008

10. 黄衍玲.幼儿英语教育活动设计与指导[M].济南：山东人民出版社,2012

11. 于雪.幼儿园英语活动中游戏的应用现状研究及对策[D].辽宁师范大学,2015

12. 朱琳.游戏在幼儿英语教学中的应用[D].山东师范大学,2014

13. 杨文.幼儿英语教学法[M].北京：中国书籍出版社,2006

14. 王添强,朱曙明.儿童戏剧魔法棒[M].乌鲁木齐：新疆青少年出版社,2016

15. 卡梅尔·奥沙利文(Camel O'Sullivan).教育戏剧：实践指南与课程计划(上)[M].抓马宝贝·教育体验中心译.北京：中国人民大学出版社,2016

16. 曾维娜.教育戏剧在小学英语教学中的应用研究——以武汉市S小学为例[D].华中师范大学,2017

17. 张迪.教育戏剧视野下的"戏剧游戏"与"角色游戏"浅析[J],艺术教育,2015(10)

18. 魏淼.英语教师教育职前职后一体化课程体系及实践模式[J],教育与科学,2009(04)

19. 韩雪梅,王淑丽,董亚杰,孙贺群.幼儿英语教师培养模式的探究[J],当代教育论坛,2010(10)

20. 杨文.幼儿英语教师的基本素质探析[J],英才高职论坛,2008(02)

21. 黄芳.论学前双语新师资英语教育能力的培养[J],四川教育学院学报,2007(10)

22. 赵风云.英语师范生学科教学能力发展研究[D],上海外国语大学,2010

23. 胡新建,林跃武.英语专业师范生非专业素养培养[J],江西教育学院学报,2011(03)

24. 罗凌霞,姜玫.学前英语教师专业化素质探析及职前培养的策略探究[J],考试周刊,2013年第105期

25. 袁玲,李寿宁,易小莉.学前英语师资必备的基本技能研究[J],教学与管理,2008(07)

26. Nunan. D. Practical English Language Teaching：Young Learners [M].北京：清华大学出版社,2013

27. Miles Jaworski. 102 ESL Games and Activities for New and Prospective Teachers,2013

28. [美]贝埃尔(Beall),[美]尼普(P. C Nipp)等著.唱歌啦(四)儿歌与游戏[Z].郑健译.合肥：安徽科学技术出版社,2000

29. H. Douglas Brown 著,文秋芳导读. Teaching by Principles：An Interactive Approach to Language Pedagogy 根据原理教学：交互式语言教学[M].北京：外语教学与研究出版社,2001

30. 李莹.幼儿教师英语手册[M].成都：四川民族出版社,2002

31. Jamie Wang. 3分钟玩游戏[M].台北：师德文教股份有限公司,2016

32. Sunny Lee. 全英语教室[M].台北：师德文教股份有限公司,2016

33. Yi-Hui Zappe.游戏点子王[M].台北：师德文教股份有限公司,2011

34. 王艳燕,莫泳仪.儿童英语游戏教学活动与设计[M].北京：化学工业出版社 2016

35. [美]布鲁斯特(Brewster, J.),[美]埃利斯(Ellis, G.),[美]吉拉德(Girard, D.)著.小学英语教师教学指南[M].王晓阳等译.北京：高等教育出版社,2009

36. 胡晓艳.学前英语游戏设计[M].上海：复旦大学出版社,2013

37. 田金长,马晓琴.学前儿童语言教育[M].上海：华东师范大学出版社,2018

38. 张志远.儿童英语教学法[M].北京：外语教学与研究出版社,2002

39. 宁有权.幼儿园一日活动组织英语[M].北京：清华大学出版社,2008

40. 李思毅.快乐英语：游戏设计与课堂教学技巧[M].成都：西南交通大学出版社,2015

41. [美]海伦娜·柯顿(Helena Curtain),[美]卡罗尔·安·达尔伯格(Carol Ann Dahlberg).语言与儿童——美国中小学外语课堂教学指南(第四版)[M].唐睿译.北京：外语教学与研究出版社,2011

42. 广东省教育厅.小学英语教学技能培训教程(中英合作广东小学英语教师培训项目)[M].广州：广东高等教育出版社,2005

43. 郭跃进.英语游戏魔术教学法：案例设计与过程示范[M].武汉：武汉大学出版社,2014

44. 贺杰.小学英语课堂游戏集中营[M].北京：中国轻工业出版社,2015

45. 张海金.小学英语课堂游戏100例[M].北京：外语教学与研究出版社,2003

46. 颜晓芳.幼儿园英语游戏活动实例精选[M].南宁：广西民族出版社,2007

47. 张莺,付丽萍.小学英语教学法[M].长春：东北师范大学出版社,2000

48. Amina Dyussenova,王晓庆.好用的英语教学游戏——最新中小学英语教学游戏分类精选[M].上海：华东师范大学出版社,2010

49. Seth Lindstromberg. The Standby Book — Activities for the Language Classroom [M]. Beijing：Cambridge University Press & Foreign Language Teaching and Research Press，2009

50. 曹丽,王艳燕.儿童英语教学技能指导与训练[M].北京：化学工业出版社,2014

51. 高敬.幼儿英语教育与活动指导[M].上海：华东师范大学出版社,2016

52. 单迎春.学前英语教育[M].北京：清华大学出版社,2013

53. 帕姆·康恩·比尔 & 苏珊·哈根·尼普. Wee Sing 快乐游戏[M].北京：中译出版社,2009

54. 金旦海.我的第一本英语教师课堂用语手册[M].大连：大连理工大学出版社,2010

55. 文秋芳,韩少杰.英语教学研究方法与案例分析[M].上海：上海外语教育出版社,2011

图书在版编目(CIP)数据

幼儿英语游戏活动指导与实训/苏小菊,任晓琴主编. —上海：复旦大学出版社，2020.3
(2023.7 重印)
ISBN 978-7-309-14471-0

Ⅰ.①幼… Ⅱ.①苏… ②任… Ⅲ.①学前教育-英语课-幼儿师范学校-教学参考资料
Ⅳ.①G613.2

中国版本图书馆 CIP 数据核字(2019)第 212779 号

幼儿英语游戏活动指导与实训
苏小菊　任晓琴　主编
责任编辑/查　莉

复旦大学出版社有限公司出版发行
上海市国权路 579 号　邮编：200433
网址：fupnet@ fudanpress. com　http://www. fudanpress. com
门市零售：86-21-65102580　　团体订购：86-21-65104505
出版部电话：86-21-65642845
上海丽佳制版印刷有限公司

开本 890×1240　1/16　印张 7.5　字数 208 千
2023 年 7 月第 1 版第 4 次印刷
印数 9 301—12 400

ISBN 978-7-309-14471-0/G·1998
定价：39.00 元